清水晶子
Akiko Shimizu

英国ヘンな旅先案内

ガイドブックに載らない不思議の地

平凡社

目次

3 奇観遺産の旅先案内

4 心なごむおかしな旅先案内

はじめに

イギリスに移り住んでから、ずいぶん長い年月が経った。引っ越す前からロンドンが好きだった私は、街をすみずみまで探険するのが楽しみでやって来て、仕事の合間に街歩き、まとまった時間が取れるとヨーロッパ旅行をしていた。

ロンドンでは博物館のおもしろさに目覚め、本を出したり、大学に入り直してイギリスの博物館の研究もした。そして、その興味はヨーロッパの博物館へと広がっていった。

そんなある時、ふと人生にイギリス旅行が欠けていないか？　と思った。今から五年ほど前のこと。気がつくまでに長い時間がかかったものだ。ちょうどその頃イギリスでステイケーションという言葉が流行り始めていた。休暇といえば遠くの国に何週間も出かけていたイギリス人たちが、自分の国にもっと目を向け、ステイ（自国にいながら）ケーション（バケーション）をしようと、積極的に国内旅行に出るようになったのだ。

そんな気運に影響を受けたのかもしれない。もう一つには、初め非日常だったロンドン生活がすっかり日常化したため、イギリスでもう一度驚いてみたいと思った自分側の「気運」もあった。コツウォルズとか湖水地方といった普通の旅先へは、家族や日本から来た友人たちと出かけていたが、何かこう、イギリスという国のエキセントリックな本性が隠れていそうな「ヘンな旅先」へディープな旅をしてみたい気持ちに駆られた。

探してみると、おもしろそうな旅先がザクザクと出てきた。リサーチは宝探しのようだった。イギリス西端にある絶壁劇場、六〇〇〇万年前にできた奇岩地帯、いつ誰が造ったのかわからない謎の貝殻坑道、すべてが三角形でできた奇妙な三角屋敷……いやいや、なんでもっと早く国内の旅に出なかったのだろうと、それから頻繁にステイケーションをするようになった。

旅もおもしろかったが、旅先から買ってきた解説書や歴史本を開いて読む時間もまた格別だった。そこには、旅して見てきただけではわからない壮大な歴史世界が広がっていたから。旅の醍醐味には旅行後の展開も含まれると、つくづく思う。

こんなふうにして、いつの間にか膨大な調べ物をしていた。せっかくなのでその内容をできるだけ多くの方々と共有できたらうれしいと考え、本にした。日本ではまだあまり知られていないこれら「ヘンな旅先」の途方もないおもしろさ、その奥にある深い歴史、時々登場する愛すべきヘンな人物たち……その全部をまるごと楽しんでいただけたら幸いである。

「ヘンな旅先」は、往々にして人里離れた場所にある。周りに何もないことが多いが、たまたま近くに他の名所がある場合は、そちらにも寄ってみてはいかがだろうかと考え、ところどころに「近隣の観光名所」のコラムを入れた。

Scotland
スコットランド
グラスゴー
エディンバラ
Northern Ireland
北アイルランド
リバプール
マンチェスター
England
イングランド
Wales
ウェールズ
ロンドン

1

ミステリアスな旅先案内

The Shell Grotto, Margate

シェル・グロット（マーゲイト）

海辺の町の驚異の貝殻世界

THE SHELL GROTTO, MARGATE

住所：Grotto Hill Margate, Kent CT9 2BU UK
電話番号：+44 (0)1843 220 008
ウェブサイト：https://www.shellgrotto.co.uk
付帯施設：ショップ
ロンドンからの公共交通機関：London St Pancras駅から列車でMargate駅まで約1時間半。London Victoria駅から列車でMargate駅まで2時間弱。Margate駅から徒歩約15分。

ある日庭にぽっかり穴があき

ある日自宅の庭を掘っていたら、突然ぽっかり穴があき、土塊の崩れたところに空洞が現われた。中を調べてみると、そこは細長い地下坑道になっており、驚くべきことに、壁という壁、天井という天井が、細かな貝殻細工でびっしりと覆われていた……。冒険小説の大家ヘンリー・ライダー・ハガードも思いつかないような、こんな奇怪な体験をした人がいる。その人はイギリス東部の海辺の町マーゲイトに住んだジエームズ・ニューラヴ氏。地元の男子校の校長であったニューラヴ氏は、一八三五年のある日、庭に池を作ろうと思って穴掘りをしていたところ、上記のことが突然にして起こった。ただ、自分で中に入ったのではなく、彼は小さな息子を空洞に差し入れ、中の様子を探らせた。

幼い目に、そこはどう映ったのだろうか。大小の貝殻が織りなす目もあやな模様、模様。偶然あいた穴から差し込む光

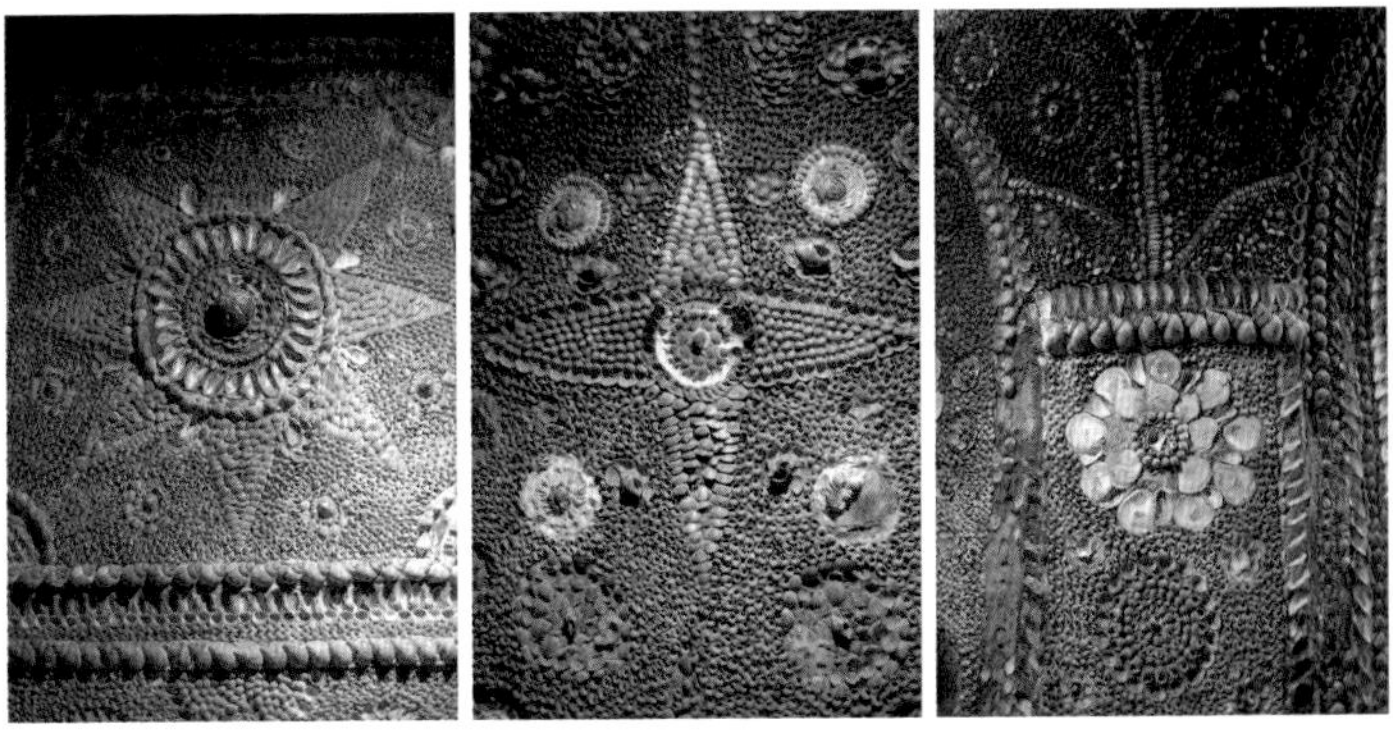

太陽か星か花か、さまざまに解釈できそうな貝殻モチーフ

が届く限りの向こうまで、貝殻モザイクが延々と続く光景。一〇〇冊の冒険小説を読むよりもすごい体験だったに違いない、と想像がつく。

いつ誰が何のために造ったものかわからないまま、ニューラヴ氏は貝殻モザイクの傷んだ箇所を修理し、発見から数年後、入場料を取って公開し始めた。そうするうちに、ここは「マーゲイトのシェル・グロット」として、知る人ぞ知る観光名所になった。代々の所有者が一般公開を続けているため、現代の私たちも、この不思議きわまりない貝殻御殿に入ることができる。

内部には、貝殻細工がやっと見える程度の薄暗い明かりが灯されている。貝殻で作られたパターンは、花や植物が多いように思われる。それに太陽、星、動物、顔、ヒト、ハート型、原始的な幾何学模様やエジプトのアンク十字に似た形もある。写実的なもの、抽象的なもの、シンボル化されて元が何を表わしているのかわからないものもある。抽象化されているがゆえに、前記のパターンにしても、実は太陽は星かもしれず、星は太陽かもしれず、花はヒトデかもしれず、植物の茎はヘビかもしれず、動物は怪物かもしれず、ヒトと見えるものはまた宇宙人と見えなくもない。作風は、絵画にたとえるなら格調高い古典主義というより、味わいのあるアウトサイダー・アート的。それでいて、ひどく手が込んでいる。

使われている貝は、バイガイ、ザルガイ、カサガイ、マテガイ、カキ、ホタテなど地元産のありふれた種が多いが、細工の手腕によって全体が壮大な仕上がりになっている。

いつ誰が何のために

構造的には、中へ入るとまず曲がりくねった通路があり、中央付近に上から太陽光の入るドームを擁する円形の部屋があり、再び曲がりくねった通路、最後に長方形の部屋へと行きつく。全長二〇メートルちょっと。見取り図から受ける印象より短く、あっという間に向こうの端へたどりついてしまう距離だが、その空間密度の濃さといったらない。モザイクは隙間なく貝殻が貼り付けられた、気が遠くなりそうに濃密な作品である。装飾には何と四六〇万個もの貝殻が使われているという。

発見以降、シェル・グロットにはいろいろ手が加えられてきた。昔の人がやったいいかげんな修理から、歴史的建造物保護団体イングリッ

THE MARGATE SHELL GROTTO

Discovered: 1835 Number of shells: 4.6 million Date of construction: Unknown

The Shell Grotto opened to the public in 1837 and has remained a privately-owned attraction since. As yet, no documents that mention the Grotto and pre-date its discovery have been found: no correspondence, no maps, nothing to date the construction of the Grotto beyond doubt. So, for the time being, theories on the Grotto's origins are just that: theories. We do not know who made it, when or why.

This drawing first appeared in the 1950s and was accompanied by a key to the symbolism in some of the panels. This has been added to and amended by subsequent research. Some definitions have stuck for over 50 years, some have altered. The guide, below right, shows some of the interpretations. These are subjective - you may see something different!

There is also a theory that there is symbolism in the Grotto to represent a journey: the first panel visible from the north passage is No 9, generally referred to as Birth. The rest of the Rotunda contains flowering forms and, in some opinions, phalluses. Moving through the Serpentine Passage, you pass a Skeleton and numerous supposed Gods and Goddesses before arriving in the Altar Room with its stars, suns and moons. So you arrive at birth, walk life's path, pass through death and your journey ends at the celestial afterlife.

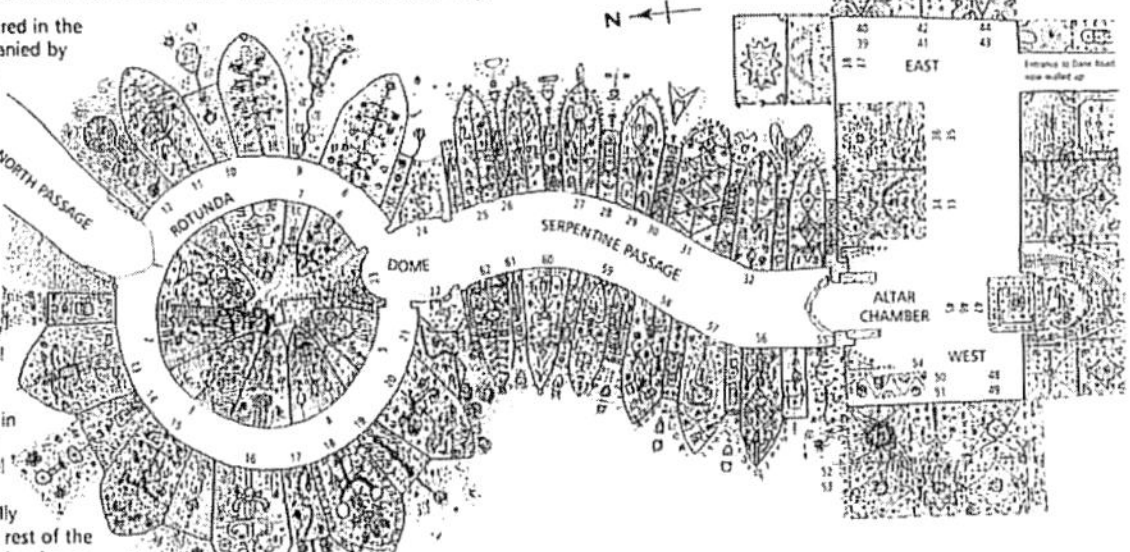

Shell Grotto, Grotto Hill, Margate, Kent CT9 2BU
01843 220008 www.shellgrotto.co.uk

A GUIDE TO SELECTED PANELS

1 Turtle OR Vishnu Turtle/Creation of Life
2 Aries OR Owl Face
9 Birth & Womb & Umbilical Cord
14 Phallus OR Mushroom
16 Fleur de Lys OR Squid
18 Tortoise & Tortoise
20 Perseus & Stars of Perseus
29 God Ganesha OR Yin Yang symbol
32 Anchor of Hope & Anchor of Hope
55 Growing Tree OR Tree of Life
56 Bacchus & Scorpion OR Cuttlefish & Crocodile
57 Canoe & Paddle OR Corn Goddess
58 Ankh & Ankh
61 Skeleton & Skeleton

シェル・グロットの見取り図

シュ・ヘリテッジの監修の下で行われた近年の厳密な修復と補強まで。地下たった二メートルのところにあるもろい構造、湿気を取り込みやすい環境、貝殻という壊れやすい装飾材料、こうした条件のためにこの坑道は常に危急の修繕の要に迫られ続けてきた。そうしたわけで、私たちが今日目にするシェル・グロットは、オリジナルにやや手が加えられた姿なのだ。

ここで誰もが疑問を抱くことだろう。これは一体何なのか？　いつ誰が何のために造ったのか？　発見者のニューラヴ氏にわからなかったこれらの事々は、実は今もわかっていない。マーゲイト・シェル・グロットの起源は謎のままなのだ。しかし、決定打はないものの、さまざまな説が飛び交っている。代表的なものを紹介すると――

・石灰岩を掘り出した坑道（チョーク・ピット）跡に貝殻装飾を加えたもの
・一八世紀に富裕層が盛んに造ったシェル・グロットの一つ
・一九世紀初めの地元住人ボウルズ家の三兄弟の作との証言あり
・テンプル騎士団の儀式場
・秘密結社の集会所
・一八〜一九世紀の神秘主義者の作品
・古代ローマ時代のミトラ教の神殿

外光の入るドーム。貝殻が同心円状に並んでいる

・古代フェニキア人による建造物
・盗賊団の盗品の隠し場所または密輸団のアジト

とこのように諸説入り乱れている。また、貝殻モザイクのパターンについても、

・エデンの園を描いている
・誕生から死まで人間の一生、魂の旅を表わしている
・レイアウトに秘密の知識が埋め込まれている
・ピタゴラスの数理に基づいた数の秘密が隠されている
・特殊な音響効果を生んでいる
・ドーム部分に同心円状に並んだ貝殻は天文暦として使われていた

などなどミステリアスな説が渦巻いている。

シェル・グロットの美しい謎

制作時期に関して、世間一般は一八世紀の富裕層による創作物説を支持し、『マーゲイト・シェル・グロットの謎』という本を書いた研究者パトリシア・ジェーン・マーシュ女史は古代フェニキア人の仕事説を支持している（Patricia Jane Marsh, *The Enigma of the Margate Shell Grotto*, Martyrs Field Publications, 2015)。

一八世紀説には強力な根拠がある。この時代、イギリスでシェル・グロットがたくさん造られたからだ。グロットとは元々洞窟のこと。建築用語として使われる場合は、広大な敷地を持つ王侯貴族が庭にこしらえた人工の洞窟を指す。ヨーロッパで異国の貝への憧れが募った一八世紀当時、アフリカや西インド諸島から美しく珍しい貝を入手できる財力、人脈を持った上流階級の人々の間で、貝を宝物のように収集し、コレクションにしたり、それでグロットの内部を飾ってシェル・グロットに仕立てたりするのが流行した。シェル・グロットは客人をもてなし驚かせるためのもので、材料、デザイン共に豪勢だった。

それに比べてどことなく異教徒の巣窟めいたマーゲイトのシェル・グロットは、貴族趣味でないし、貝の種類も平凡である、という理由で一八世紀説に異を唱える人もいる。

一方、フェニキア人説を支持するマーシュ女史は、フェニキア人たちが古代この土地で交易を行った伝説がある、古代フェニキアの言葉を語源とする地名がこの辺に散見されるなどから、フェニキア人が古代マーゲイトに定住していた可能性が高い、古代フェニキアのイコノグラフ

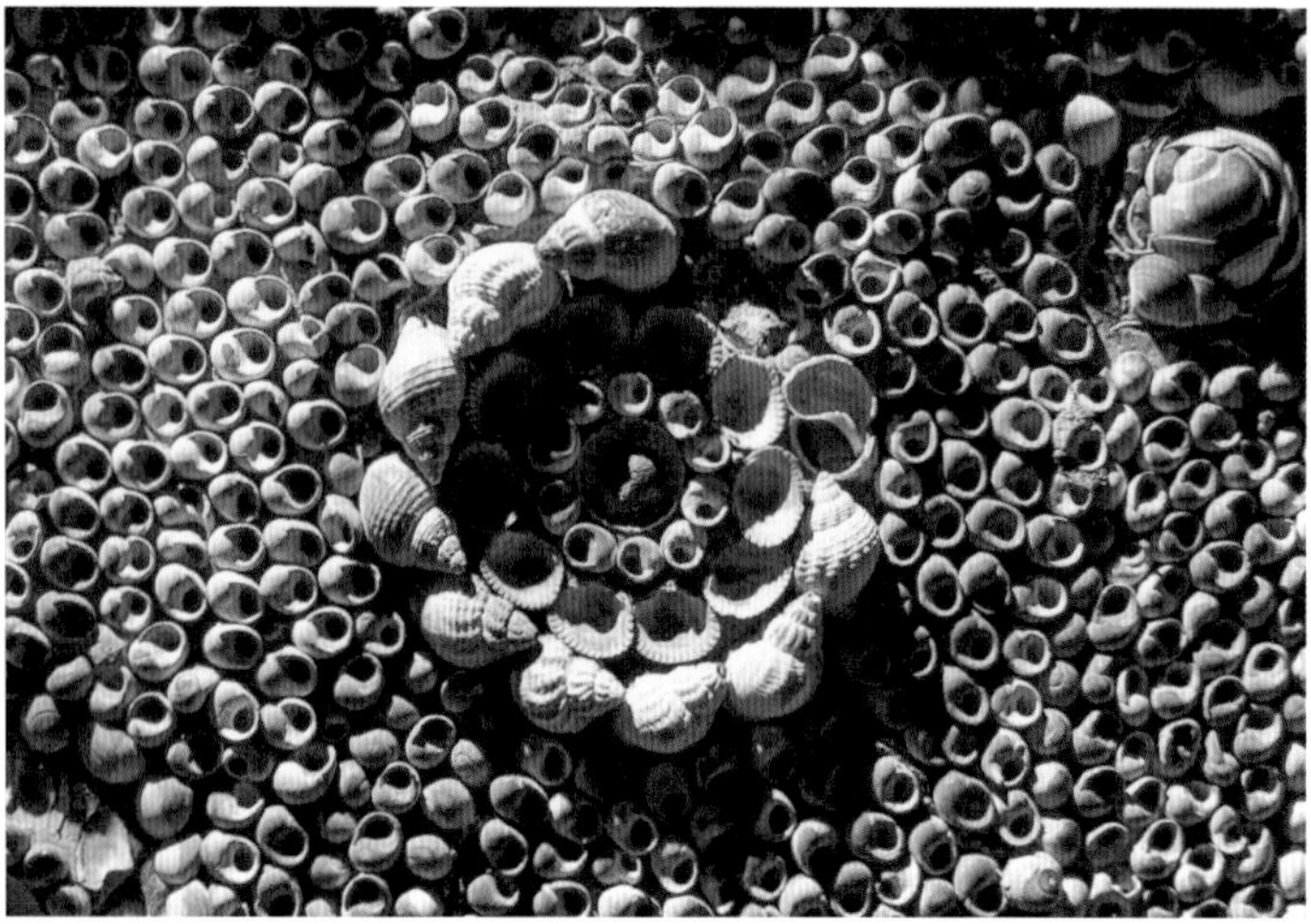

貝殻細工のアップ

イコノグラフィの疑問も解明されていない

ィ（象徴的図像）とグロットの図柄に共通するものが多い、といった点を根拠に挙げている。

それにしても、と愕然とする。このシェル・グロットが古代のものなのか近世のものなのかもわかっていないとは。一八世紀説と古代フェニキア人説の間には、最大約三〇〇〇年もの開きがあるのだ。そこまで全然わからないということが、ありえるのだろうか。現代では、科学的に時代を特定する方法がいくつもあるはずだ。古い建物を建築当初の状態に戻して保存することの多いイギリスでは、建材の成分から時代を割り出す技術が発達している。第一、放射性炭素年代測定法で調べれば年代の見当がつきそうなものだが、グロットの管理者は断固これを拒否する。いわく「後世の修復含め、いろいろな年代の材料が入り混じっていて、特定が難しい」、「放射性炭素年代測定法にはサンプルがたくさん必要なため、測定自体がモザイクを傷つける」。

いろいろ理由を挙げているが、彼らは結局のところ調査をしたくないのではないだろうか、という気がする。「いつ誰が何のために」をはっきりさせず、今のままにしておきたいのではないだろうか。何といっても、シェル・グロットは謎めいている方が魅力的なので。マーシュ女史の本も、次のような言葉で結ばれている。「真実はどうであっても、このグロットが不思議かつ厳かな場所であることに変わりはない。ただ、起源が謎めいているゆえに、それはいっそう美しく見える」。

世界の七不思議とまではいかないものの、イギリス、ケント州最大のミステリーとして君臨するマーゲイトのシェル・グロット。入口はいたって普通の住宅街にある。1階はおみやげ売り場。この外観から地下の驚異は想像できない

上左・上右／マーゲイトの海辺の風景。かつて上流階級のための高級海浜リゾートだったマーゲイトは、長い荒廃期間を経て、近年ロンドンから近いリゾートとして再生、人気を盛り返している。
シェル・グロットのほかには、下左／この街の海を好んで描いた画家ターナーを記念する美術館「ターナー・コンテンポラリー」、下右／16世紀の屋敷「チューダー・ハウス」が見どころ。また、再建されたレトロな遊園地「ドリームランド」も人気

Rushton Triangular Lodge

ラシュトン・トライアンギュラー・ロッジ
(ノースハンプトンシャー)

三角形のシンボルに満ちた不思議の館

RUSHTON TRIANGULAR LODGE

住所：Rushton, Kettering, Northamptonshire NN14 1RP UK
電話番号：+44 (0)1536 710 761
ウェブサイト：https://www.english-heritage.org.uk/visit/places/rushton-triangular-lodge
ロンドンからの公共交通機関：London St Pancras駅から列車でKettering駅まで約1時間。Kettering駅からStagecoach社バスで現地まで約40分。運転手にトライアンギュラー・ロッジへ行くことを告げ、着いたら教えてくれるよう頼んでおくとよい。

謎の三角館

謎の三角館。推理小説のタイトルになりそうな館が、ノースハンプトンシャーのラシュトンというところに本当にある。周囲は見渡す限り麦畑と森林地帯。はるか遠くに風力発電機の銀色の羽根が回っているのが見える。こんな何もないカントリーサイドにぽつんと立つその館、見かけどおり「トライアンギュラー・ロッジ」の名前がついている。

まず建物の形からして三角柱である。さらには三角の窓、三角の切妻屋根と、やたらと三角形が多い。それだけではない。形が三角柱であるから、当然建物の面は三つ。その各面に、切妻屋根三つ、一階の窓三つ、二階の窓三つ、地下の小窓三つが付いている。建物は三層造りで、一辺の長さは三三フィート、各面の壁に彫り込まれた聖書からの引用文は、どれもが三三文字。建物はトレフォイルと呼ばれる三つ葉模様（トランプのクラブに似た形）で飾られ、そこここに三の文字がちりばめられている。そう、ここはすべてが三でできた「三づくし」の館なのだ。

トライアンギュラー・ロッジの建て主

なぜこのような建物が造られたのだろうか。それを探るには、建て主のことを知る必要がある。トライアンギュラー・ロッジを造ったのは、サー・トマス・トレシャム（一五四三〜一六〇五）という裕福な地主だった。先祖代々ノースハンプトンシャーの大地主で、法律家や国会議員といった要職に就く人が多かった。その先祖の広大な土地と屋敷を受け継ぎ、オックスフォード大学を出たトマス・トレシャムには、前途洋々たる未来が開けているはずだった。だが、実際に彼を待ち受けていたのは難儀な人生だった。

一五五八年に即位したエリザベス一世は英国国教会を強化し、旧教であるカトリックの信者を国の宗教に反する謀反人として、激しく弾圧した。敬虔なカトリック教徒だったトレシャムは一五八一年から九三年まで、一二年もの長きにわたって投獄されてしまう。

獄中で彼は、晴れて出所した折には宗教的シンボルにあふれた建物を造ろうと夢見、トライアンギュラー・ロッジ建設構想を練った。それは大変綿密なもので、刑務所の壁に詳細な設計図やメモが残されていたという。

一五九三年に帰宅を許されたトレシャムは、さっそくロッジの建築に取りかかり、三角館は九七年に完成した。彼はプロの設計家ではなかったが、建物の構造から装飾までほぼ一人で考え上げたようだ。

この館の何が宗教的なのかというと、建物を支配する「三」である。この三は父なる神、子なるキリスト、聖霊を一体であるとする聖三位一体、英語でいうホーリー・トリニティを表わ

切妻屋根が3つ、各階に窓が3つずつ、屋根の下には33文字の聖書引用文、3や3の倍数の数字も見える

入口の上にも数字が刻まれている

しているのだ。ほかにも天使、ノアの方舟に出てくる鳩、十字架などキリスト教に関連したモチーフが各所に配されている。三位一体は英国国教会、カトリック双方に共通する概念のため、これはおおっぴらに表現できた。しかし、国教会が認めていなかった聖母崇拝や禁止されていたミサにまつわる事々は、あまりにカトリック的だったゆえに暗号にして埋め込まなければならなかった。たとえば、珍しく三でない数字五が書かれている時、それはマリアの文字数であり聖母マリアを表わしている、という具合に。

このように、トライアンギュラー・ロッジは、カトリック教徒トレシャムの厚い信仰心の発露であり、獄中でため込んだ鬱憤が噴き出し結晶した姿なのだということができる。

ロッジ内部の光と影

意味ある装飾に覆われたこの饒舌な建物の暗号は、すべて解き明かされたのだろうか。南西の切妻屋根に刻まれた一五八〇という数字は、トレシャムがカトリックに帰

サー・トマス・トレシャムの肖像

依するに到った年といわれている。また建物の一面の一五、もう一面の九三を併せた一五九三の数字は、彼がロッジ建設の着想を得た年と解釈されている。しかし、他にもある一六四一、一六二六、三八九八、三五〇九などの数字が何を表わすのかはわかっていないそうだ。この館には、こんなふうに未解明の謎がまだいくつも残されている。

ところで、このロッジは何に使われていたのだろうか。城にしては小さく、やたらと角ばっていて使い勝手はよくなさそうだ。人が住んだのか、宗教的主張さえしてしまえばそれでよしと森の飾り物になっていたのか、用途のわかりにくい建物である。トレシャム家はここから一キロほど離れたところにあるラシュトン・ホールという広い屋敷を所有しており、トマスとその家族はこちらを主屋として使用していたので、ロッジに住むことはなかった。

資料を繰ってみると、どうやらロッジは家族が営んでいたウサギ農場の管理人が詰める番小屋として使われていたらしい。トレシャムは後年、もう一つ別の番小屋を造ったので、以降、こちらはせっかくの美観を活かして、客人の接待など社交に使われるようになったのではないかといわれている。

さて、建物の外観を見てきたが、ここで中へ入ってみよう。入口は南東の面にある。外側の華やかな様子に比べ、内部は暗くて簡素だ。窓とはいっても、象徴的形状をした穴がくり抜かれているだけなので、内部へ差し込む光は少ない。そのかわり、三角や十字形の光が入ってきて床に明かりを落とす様子はとても印象的だ。

三角形のフロアは、三つの角が三角の小部屋になっているため、真ん中には六角形のスペースができている。どの階も部屋の構造は大体同じで、各階、石の螺旋階段で結ばれている。家族の紋章の浮彫りがあったり、上階に暖炉が取り付けてあるほかは何もない寒々しい空間である。逆にその分、集中して部屋の中の陰影が作る趣を楽しむことができる。

トレシャムの家紋を見ていて、なるほどと納得したことがある。この家の紋章には三つ葉模様トレフォイルが含まれている。トレシャムのTreはトレフォイルのtre、あるいはトライアングルのtriと同じで、三を表わしている。つまり、この人は名字に三の入った家系に生まれ落ちているのである。三に支配されたトライアンギュラー・ロッジを造ったトマス・トレシャム自身、三と強いつながりのある人だったのだ。

後日談

話は飛ぶが、イギリスの冬の夜を彩るガイ・フォークス・ナイトをご存知だろうか。毎年一一月五日に焚き火をたいたり花火を打ち上げたりするイベントだ。この習慣は、一六〇五年、英国国教徒でエリザベス一世と同じくカトリックを迫害した国王ジェームズ一世に対する謀叛

内部から見た三角形にくり抜かれた窓

を企んだ一団が、国会議事堂の爆破を計画した「火薬陰謀事件」に由来する。計画は事前に発覚し未遂に終わったが、導火線への点火役をすることになっていたガイ・フォークスの名が季節の行事の名となり、後世に残ることになった。

驚くなかれ、何とこの一団の中にトレシャムの長男フランシスが含まれていたのだ。軽率なところがあったといわれるこの息子は、父親のようにカトリック教徒の不満や信条を密かに表わすやり方をせずに、直接行動に出てしまったようだ。フランシスはロンドン塔に捕えられ、刑が下される前に病死してしまう。息子の謀略を知ってかどうか、父親のトレシャムも息子が投獄される数ヵ月前に亡くなっていた。

トライアンギュラー・ロッジの内部

敬虔なキリスト教徒でありながら、カトリックであったがために時代との折り合いが悪く、高い社会的ステータスを持っていたにもかかわらず困難な人生を歩んだトマス・トレシャム。加えて素行の悪かった息子も、彼の苦しみの元であったようだ。

建設から四〇〇年以上を経たトライアンギュラー・ロッジは、今日、歴史的建造物保護団体イングリッシュ・ヘリテッジの管理の下、しっかり保全され、一般公開されている。トレシャム家の主たる住居だったラシュトン・ホールは、その後幾度もの増築を経てますます大きくなり、現在は部屋数五〇を超える四つ星の高級ホテルとなっている。

「トマス・ザ・ビルダー」のあだ名がつくほど建築好きだったトレシャムは、ロッジのほかにあと二つ建物を手がけている。

一つは近隣ロスウェルにある「マーケット・ハウス」。ロッジを建てるよりずっと若かりし頃の作で、紋章が外壁を囲っていたりはするが、投獄前の作品だからか、ほとばしる宗教的表明といった激しさはない。この建物は現存するが、特に何かに使われている様子はなく、ごく限られた日数の公開日が設けられているのみだ。

もう一つは「リヴデン・ニュー・ビールド」。こちらは出所後の建築だけに、トレシャムの宗教心とエキセントリックなセンスが炸裂するのが見られる。それもロッジとはまた違う形で。実は、この建物はここからそう遠くないところにある。こうなったら、トレシャム建築ツアー

ということで、こちらも続けてご紹介しよう。彼のもう一つの不思議建築リヴデン・ニュー・ビールドへ！（次項へ続く）

Lyveden New Bield

リヴデン・ニュー・ビールド
(ノースハンプトンシャー)
未完に終わったトレシャムのもう一つの記号建築

LYVEDEN NEW BIELD

住所:Lyveden, near Oundle, Northamptonshire PE8 5AT UK
電話番号:+44 (0)1832 205259
ウェブサイト:https://www.nationaltrust.org.uk/lyveden
付帯施設:カフェ、ビジター・センター
ロンドンからの公共交通機関:London St Pancras駅から列車でKettering駅まで約1時間。Kettering駅からタクシーで約30分。

未完の夢建築

(前項からの続き)向かうは、トマス・トレシャムが手がけたもう一つの建物リヴデン・ニュー・ビールド。地図上で見ると、トライアンギュラー・ロッジから東へ直線距離で一五キロほどなので、車ならさほど時間はかかるまいと見込んだが、直線で行ける道がなく、くねくね道で迷っているうちに、一時間近くかかってしまった。

窓外に見える、フリーズに刻まれたキリスト受難にまつわるモチーフ

駐車場を出ると、そこは草原。だだっ広い草原。草がさわさわと

数字の3、5、キリスト教のシンボルで飾られている

鳴る中を歩いていくと、向こうにその建物が見えてきた。外殻だけの建物。建物を通して向こう側に草原の続きや流れる雲が透けて見える、というのは何とも変わった光景だ。屋根がなく、窓も四角くくり抜かれているだけのスケルトン建築物はまるで廃墟のように見えるが、実際には廃墟ではなく、建て主のトレシャムが亡くなると同時に建設が止まり、以後、四〇〇年以上雨ざらしになってきた「未完の新建築」なのだ。

前項にも書いたように、一六世紀イングランド、エリザベス一世のチューダー朝は、英国国教会を強化した女王が旧教であるカトリックを敵視し、信者に激しい弾圧を加えた時代だった。身分の高かったトレシャムもその例にもれず、カトリック教徒であるがゆえに、重い罰金刑、長期にわたる投獄など厳罰を受けた。

獄中、彼は無念の中、それと悟られないように記号化されたカトリック教のシンボルをキリスト教の一般的アイコンと一緒に埋め込んだ屋敷の建造を夢想した。一つの案が、トライアンギュラー・ロッジ。もう一つの案が、リヴデン・ニュー・ビールドだった。

トライアンギュラー・ロッジの着工は、トレシャムが出所した年の一五九三年、リヴデンの方はその翌年の一五九四年だった。このように、建設の始まった時期はほぼ同じながら、トライアンギュラーの方は一五九七年に完成してロッジとして使われ、リヴデンの方は、トレシャムが亡くなった一六〇五年にまだ建設途上で、そのまま工事は放棄され、結局完成せずに終わった。

暗号解読

トライアンギュラー・ロッジ同様、こちらリヴデンの建物にも、トレシャムの宗教的主張が熱く盛り込まれている。記号的には「三づくし」のロッジよりも、こちらの方がわかりやすいかもしれない。何しろ、建物自体がキリスト教のシンボルである十字形をしているのだ。上から見ると、五つの正方形を組み合わせた形、すなわち中心に一つ、その各辺に四つを接続させた正十字形になっている。

父なる神、子なるキリスト、聖霊を一体と見なす聖三位一体を表わす「三」の数字は、ロッジほどではないがリヴデンの方にも散見される。建物は地下から二階までの三層構造。地面に近いところに楯の形の装飾が三つ一組で並び、二階の各壁面は三つずつの菱形で飾られている。建物の端から端までの長さは二四三フィート。何とこれは三×三×三×三×三の積だ。

マリアの綴りの文字数、もしくは磔《はりつけ》になったキリストの聖痕の数を表わすといわれている「五」の数も、さりげなく隠されている。十字形の突き出た部分にそれぞれ五辺からなる出窓がついており、その一辺の長さは五フィート、合計で二五フィートとなっている。二五も、受

屋根も天井もないので、地上階に立つと上階すべてが見渡せる

ルネ・マグリットの窓の絵のような風景

胎告知の日が三月二五日、キリスト降誕が一二月二五日と、キリスト教では重要な数である。

一階と二階の間にあるフリーズ（帯状の仕切り）には、十字架、茨の冠、キリストの着衣、ジーザスを表わすモノグラムＩＨＳなど、キリストの受難にまつわる数々のモチーフを刻んだ紋章が張り巡らされている。

現地で手に入れたガイドブックを参考に、表象の意味するところをいくつかご紹介したが、

もう一つの窓辺。光の加減で部屋の表情が刻々と変わる

18世紀イタリアの空想建築画家ピラネージが画題にしそうな空間

ここにもトライアンギュラー・ロッジ同様、未解読の暗号がまだたくさんあるということだ。

絵になる内観

三層になっている内部は、地下が召使い用のフロア、一階と二階が主人とその家族用と分けられている。地下は質素な造りで、かまど付きキッチン、食糧貯蔵庫、控え室など、上に行くとデザインも華やかになり、一階には居間、客人を迎える広間など、二階にはもう一つの広間と大小の寝室が配されている。

実際には建物が完成しなかったので、ここを使用した人はいないのだが、設計図でこうした構造を見ると、トレシャムがこの建物を客人接待用の別邸にしようと意図していたことがわかる。まずは到着した客人を二階へ案内して、眺望を愛でる。その後、召使いの運んだ料理で晩餐会、もう一つの部屋へ退出して食後の酒と歓談、遠来の客は宿泊も、とこんなふうに。

四〇〇年以上も前に未完のまま打ち捨てられた新築物件というのは不思議なものである。普通の廃墟と違って昔の人に使われた跡がなく、新しいまま古び、建て主の見果てぬ夢が明るい亡霊となって邸内に漂っているような感じがある。

主人の高貴な身分の友人たちが使うはずだった部屋のドアのない出入口からは青空がのぞき、

屋敷を護る屋根が付くはずだった上空の穴からは風が吹き込み、石壁の隙間に生えた短い草を震わせている。

窓枠と木立ちと蒼穹の組み合わせはどこかマグリットの絵を思わせるし、くっきりした影が落ちる粗い石壁の部屋は、ピラネージが描いたダンジョンのよう。内観も絵になる建築物だ。

リヴデン全体図

建物の外側に目を移してみると、リヴデン・ニュー・ビールドは、広大なリヴデンという敷地の中の一施設であることがわかる。ちなみに、ビールドとはビルディングの意味で、この建物は「リヴデンの新しい建物」ということになる。敷地はニュー・ビールドのほかに、マナーハウス、コテッジ、堀、庭園、段丘、果樹園から構成されている。加えて、最近になって庭園の一部に迷路の跡も見つかった。

エリザベス一世時代、経済力をつけた貴族の間で建築熱が高まり、彼らは豪奢な邸宅と眺めのよい庭を競い合うようにして造った。トレシャムも、どこかでそんな熱の影響を受けていたのだろう。堀、段丘、果樹園や別邸のあるマナーハウスというのは、当時流行した様式だった。

そして実は、建物やインテリアや衣服にシンボルや寓意を埋め込んで秘密めかして見せるのも、

家の中から青空を見上げる

エリザベス朝の人々が好んだ趣向だった。これは宗教の如何に関わりなく、トレシャムを迫害の対象にしたエリザベス一世も、暮らしの中に大いに取り入れていた。

外に出て、螺旋状に歩いて頂上へ向かう段丘に昇ってみる。ここは元々展望丘として造成されたものだけに、実に見晴らしがいい。ニュー・ビールド、はるか遠くの森や牧草地、敷地内の水流、果樹園の木々が見渡せる。果樹園ではその昔、リンゴや洋梨、プラム、ダムソン、チェリーなどが栽培されていたそうだ。それらの果物は生で食されただけでなく、ドライ・フルーツにしたり、酒やジュースに加工されたり、あるいは料理に使われることもあったという。

昔日の姿を再び

トマス・トレシャムの代以降、リヴデンはその子孫へ、さらには全く無縁の人たちへと、さまざまな所有者の手に渡ってきた。

再植樹された果樹園

ついには一九二二年、自然・史跡保護団体のナショナル・トラストに敷地全体が委譲され、そこから保護保全が始まるが、それまでの所有者たちによって、ニュー・ビールドが取り壊されたり、あるいはトレシャムの意図と関係のない完成形に持ち込まれたりすることなく、そのままの形で残ったのは奇跡である。中には、建物の石材をどこか他所で使おうと破壊を試みた人がいたらしいが、あまりに頑丈で取り壊せなかったという話が伝わっている。

夢が途上で中断され、時間の中でフリーズしてしまった特異な建物リヴデン・ニュー・ビールド。ナショナル・トラストは、この建物を含むリヴデン一帯をトレシャムの時代の状態に戻すことを目標とする「リヴデン・リコネクテッド」プロジェクトをここ数年進めてきた。これは、使われていなかったリヴデン・マナーハウスの修復、瓦礫の撤去作業、堀の整備、庭園や果樹園の再植樹(綿密な調査で判明した、当時植えられていたと見られる植物種への植え替え)を含む大がかりなプロジェクトで、二〇二一年にようやく完遂したところだ。これにより一帯にトレシャム時代の輝きが戻っただけでなく、マナーハウスの中に新しいカフェやビジター・センターができるなど、現代人のための利便性も加味された。

リコネクテッド・プロジェクトの完遂は、リヴデン全体に及んだトレシャムのヴィジョンと、英国史の大きな流れの中での彼の立ち位置を概観するための舞台の完成と受け取ることもできる。

住所：Boughton Park, Geddington, Kettering, Northamptonshire NN14 1BJ UK

近隣の観光名所

Boughton House

バウトン・ハウス
（ノースハンプトンシャー）
フランス宮廷趣味の貴族の屋敷

トレシャムの建築を見にいったら、ぜひ訪ねていただきたい近隣のバウトン・ハウス（上記スペルでバウトンと読む）。森と湖に囲まれ、深閑とたたずむ姿が美しい貴族の屋敷だ。屋敷を今の形に整えたのは、一七世紀にこの地所を相続した第一代モンタギュー公爵。フランス大使を務めたこの人は、フランス的美観をイギリスの景観の中に取り込みたいと考え、当時のフランス様式で館を建て、庭を造園し、フランスから来たユグノー教徒の工芸家・美術家を起用してインテリアをしつらえた。こうして、敷地全体がいつしか「イギリスのベルサイユ」と呼ばれるようになった。

　春と夏の特定の日に、邸内と庭園が公開される。

Giant's Causeway

ジャイアンツ・コーズウェイ
（北アイルランド）
巨人伝説に彩られた奇岩地帯

GIANT'S CAUSEWAY

住所：Giant's Causeway Visitor Centre, 44 Causeway Road, Bushmills, County Antrim, Northern Ireland BT57 8SU UK
電話番号：+44 (0)28 2073 1855
ウェブサイト：https://www.nationaltrust.org.uk/visit/northern-ireland/giants-causeway
付帯施設：ビジター・センター（展示、カフェ、ショップ）
※ジャイアンツ・コーズウェイ散策は無料だが、ビジター・センターへの入場は有料。
ロンドンからの公共交通機関：Londonから飛行機でBelfastまで約1時間20分。Belfast Europa Buscentre（ヨーロッパ・ホテル裏のバス・ステーション）から221バスでGiant's Causeway The Nookまで約1時間半。ベルファスト発の観光バス・ツアー多数。

巨人の渡り道

北アイルランドの北端、アントリム地方の海岸一帯に広がる途方もない奇岩群。これがジャイアンツ・コーズウェイである。六角形の踏み石を敷きつめたような岩場が彼方まで続き、その先には柱状列石が天に向かって屹立している。一本一本の柱になったものもあれば、石のカーテンのように柱が連なったものもある。岸辺には黒い巨大な石球がごろごろと転がり、岸壁には縦縞の岩石層が広範囲に露出しているのが見える。

一八世紀半ばにここを訪れた一人の貴婦人が、いつもは長い旅行記を記す人なのに「様子をお伝えしようと思うのですが、どうしたらいいのかわからないのです。今まで見たどんなものとも、ここはまるで違うんですもの」と、珍しく短いコメントしか残せなかったそうだが、確かにあまりの光景に、すぐには言葉が出てこない。

壮大なスケール感に圧倒され、昔の人がこれを巨人の造ったものと思い込んでしまったのも無理はないと納得する。ジャイアンツ・コーズウェイは巨人伝説から取られた名前で、「巨人の渡り道」を意味する。

こんな奇観を目の当たりにすると、自然の造形力のすごさに感心せざるをえない。この不思議を体感するには、自分で踏み石を踏みしめ、石球を飛び越え、石柱によじ登ってみるしかない。

石柱の成り立ち

海岸を埋めつくす石柱は、その数およそ四万本にも及ぶ。今から六〇〇〇万年前に起こった激しい火山活動で噴出した溶岩が冷却、収縮し、玄武岩を生成しながら、地質学でいうところの柱状節理という石柱の集合体を形成した。石柱はほとんどが六角形だが、中には五角形、七角形などの不規則多角形もある。

現代科学では、石柱の成り立ちがこのように解明されているが、コーズウェイが世に広く知られるようになったばかりの一八世紀前半、科学者たちはこの謎の奇岩群の起源について、激しく意見を闘わせていた。時は啓蒙時代。理性の時代ともいわれ、科学が発達し始めていたが、なにせその科学も神話や宗教から抜けきれず、地質学も確立していなかった。一般にまだ巨人伝説や天地創造を信じる人々がいる中、科学者たちは何とか理にかなった答えを探そうとしていたが、対立する二つの学派には、それぞれ神様の名前がついていた。片や、火山由来とする火成論者たちヴァルカニスト、もう一方は海洋由来とする水成論者たちネプチュニスト。ヴァルカンは火の神、ネプチューンは海の神、いずれもローマ神話の神である。

結局は、石柱の玄武岩が溶岩からできていることが判明し、ヴァルカニストの勝利となった。柱状節理は、アイスランド、ハンガリー、アメリカ、オーストラリア、そして日本など世界各地で見られるが、ジャイアンツ・コーズウェイのように、変化に富んだ見どころたっぷりの部分だけで約一・五キロ、全長約六キロもある大規模なものは珍しい。

一九～二〇世紀の大観光時代

ジャイアンツ・コーズウェイの珍しい景観は人々の好奇心をかき立て、一八世紀前半から少しずつ見学が始まり、一九世紀になると観光客が押し寄せるようになった。やがて、コーズウェイ・ホテルが建てられ、旅客を運ぶ路面電車コーズウェイ鉄道が開通して、ますます便利になった。一九世紀当時には、海側から石柱を見る観光船も運航していた。

石の上では大勢のガイドが観光客を待ち受けていた。おみやげ売りも行き交った。おみやげは絵葉書、小冊子にアイリッシュ・リネン。観光客たちの間で科学的関心が高かったことから、「標本」なども売られた。中には、コーズウェイでは出ない化石の標本もあったりし、出どころ不明の品も多かったらしいが、一九世紀のコーズウェイの怪しい物売りの怪しい標本……ちょっと買ってみたい気がしなくもない。

古来人々のイマジネーションを刺激してきた玄武岩の石柱群

コーズウェイ観光の盛り上がりは、一九二〇〜三〇年代にピークを迎えた。イギリスの国内旅行ブームが最盛期を迎えた時代だった。しかし、第二次世界大戦後にはブームが去り、路面電車は廃止され（のちにビンテージ観光鉄道として復活）、船での観光もなくなってしまった。

その後の一番大きな変化は、一九六一年から自然・史跡保護団体のナショナル・トラストが一帯の管理を行うようになったことだ。ナショナル・トラストは海沿いの観光用小道を整備し、ビジター・センターを造り、人々が観光しやすい環境を整えつつ、石柱と周囲の自然環境の保護に努めている。

さらにジャイアンツ・コーズウェイは、一九八六年、ユネスコの世界遺産に登録された。「壮大な自然の美観を誇るだけでなく、地球科学を大いに発達させるよき研究材料である（要訳）」点がポイントとなり、登録に到った。これによりコーズウェイは国内だけでなく、世界から大きな注目を集めるようになった。

訪れた人たちは、思い思いに石の上を歩き回る

巨人伝説——フィン・マックールの物語

ジャイアンツ・コーズウェイを彩る巨人伝説は、古くからあるアイルランド伝承を基に近世の物語作家たちが書き直したフィン・マックールの物語が下敷きになっている。これに後世のガイドたちが、コーズウェイをさらに魅力的に、神話的なものに見せようと、話を大きくしたり尾ひれをつけて手を加えたため、物語にいろいろなヴァージョンが生まれた。最も一般的に語られているのが、次の話だ。

北アイルランドの巨人フィン・マックールは、宿敵、隣国スコットランドの巨人ベナンドナーに闘いを挑むために、海の渡り道ジャイアンツ・コーズウェイを築いた。しかし、遠目にベナンドナーを見て、自分よりはるかに大きく強そうなことに気づき、こりゃ勝ち目がないと、一目散に家へ逃げ帰った。あまりに急いだので、途中で靴が片方脱げてしまった。

話を聞いたフィンの妻は一計を案じ、フィンに赤ん坊の格好をさせ、ベッドに押し込んだ。そこへやって来たベナンドナー。フィンに闘いを申し込むが、妻はとぼけてこう言う。「夫は出かけています。まあ、私たちの赤ちゃんに会ってやってくださいな」。

ベッドに案内されたベナンドナーは、赤ん坊の大きさを見て仰天。赤ん坊がこれだけ巨大なら、父親はどれだけ大きいのか。そう考え、恐れをなしてフィンの家を飛び出すと、全速力で自分の家へ駆け戻った。フィンが追いかけてこられないように、コーズウェイを粉々に壊しながら。

これとは全く違うラブストーリーもある。

スコットランドの少女に恋をしたフィン。少女に会いにいくために海の渡り道を造るが、孫をスコットランドへ行かせたくないフィンのおばあさんが魔法を使って大嵐を起こし、それを壊してしまう。フィンは、何度も何度も挑戦する。しかし、一生懸命になればなるほど、おばあさんの魔法の破壊力は増す。疲れきったフィンは、最後の力をふりしぼり、夜通し作業をしてついに道を完成させるが、スコットランドへ向かう途中で雷に打たれ、渡り道は大波にのまれ大破してしまう。向こう岸で、フィンはいとしい人の腕の中に倒れ込み、息絶える。さて、どうなったかと様子を見に丘を登ってきたおばあさんは、自分のしでかしたことの恐ろしさに絶句して、その場で石になって固まってしまった。

こちらは、コーズウェイにロマンチックな味を加えようとした一九世紀のガイドの創作だそ

巨人の靴

巨人のオルガン

巨人の煙突

巨人のはた織り機

うだ。海岸には、石になって固まったおばあさんに見立てられた石があり、おばあさんは今も腰をかがめてそこに立っている……ことになっている。

巨人の足跡をたどって

巨石や奇岩には伝説が付きものだ。そうした岩石はしばしば「何か」に見え、人々は創造力を働かせてその「何か」から物語を創る。世界にはキノコとか偶像とか火に見える巨石があり、それぞれにその形にまつわる言い伝えがある。

ここジャイアンツ・コーズウェイの伝説は、もちろんフィン・マックールの物語だ。物語を胸にここを訪れた人々は、海岸や崖の大石の中にフィンにまつわる大道具小道具を発見し、それに名前をつけて、物語をさらに立体化していく。

中で一番有名なのが「ジャイアンツ・ブーツ（巨人の靴）」。フィンが家へ逃げ帰る時に脱げてしまった例の靴だ。本当にブーツに見えるこの大石は、長さが二メートル以上ある。ナショナル・トラストが専門機関に依頼し、この靴のサイズを基にフィンの身長を計算してもらったところ、一六・五メートル（！）と出たそうだ。

崖の中腹には、高さ一二メートルにも及ぶ「ジャイアンツ・オルガン（巨人のオルガン）」がある。長い石柱が何本も並ぶ様子は、確かに教会のパイプ・オルガンに似ている。

「ジャイアンツ・ルーム（巨人のはた織り機）」は、高さ一〇メートルほどの縦筋入りの壁。フィンがこれで長大な布を織り出したことは言うまでもない。

海沿いのフィンの家族が暮らしていた家があったとされる場所には、突き出した細長い石柱があり、これは「ジャイアンツ・チムニー（巨人の煙突）」と呼ばれている。

ジャイアンツ・コーズウェイの主な見どころは、入口に近い第一の湾ポートナブー、第二の湾ポート・ガニー、第三の湾ポート・ノファーに集中している。

先述した「おばあさんの石」は、第一の湾から突き出た岬の上に、「はた織り機」は第二と第三の湾の間に、「靴」と「オルガン」は第三の湾に、「煙突」は第三の湾を越えた次の湾にある。最もドラマチックな三つの湾の先にも、岩肌にダイナミックな柱状節理の見える景色は延々と続くので、観光客の姿がまばらになってくるあたりまで散策してみることをおすすめする。

悠久の石時間

戦後コーズウェイ観光は一旦下火になったが、現在はどうか。現地へ行ってみれば、観光はナショナル・トラストの先導でみごとに復活しているのがわかる。ベルファストの中心街から毎日何十台もの観光バスが出発し、奇岩の上で各国の言葉が飛び交う。昔海岸にいた強引な客引きガイドや怪しい物売りはいなくなったが、かわりに公認のガイドが活躍し、ビジター・センターが「おみやげ売り」の役目を果たしている。

コーズウェイはビジター・センターの隣のトンネルから入り、直接海岸に出るコース、あるいはセンターの屋上から崖に出て、海岸を見下ろしながら歩くコースと、いろいろな散策路がある。行きは崖上コース、帰りにシェパーズ・ステップスという一六二段の石段を降りて海に出ると、上下両方の視点が楽しめる。

六〇〇〇万年前という気の遠くなりそうな昔にコーズウェイができてから、ここの地質構造は少しずつ変化してきて、今も変化を続けている。浸食、風化、隆起、地殻変動とその原因はたくさんあり、ここ一〇〇年ほどの間にも、風景の変わった部分がいくつもあるそうだ。

コーズウェイ海岸を眺めることは、連続する地球の大運動の一瞬を目撃することにほかならない。岩相は変わり、物語も変わっていく。今からさらに六〇〇〇万年後のここはどんな風景になっているのだろうかと、悠久の石時間に思いが飛んだ。

コーズウェイが黄金色に輝く夜明けか暮れ方が、見学に最高の時間といわれている

ビジター・センター。海岸の石柱をデザインのモチーフに使ったモダンな建物

コーズウェイの周縁をご紹介。
上／ダンルース城。コーズウェイ入口の西約5キロのところにある美しい中世の城の廃墟。内部が一般公開されている。下左／キャリック・ア・リード吊り橋。コーズウェイ入口の東約10キロのバリントイ村から小島に渡る橋。ダンスール城とも、どちらも有料、要予約。下右／見どころの多い3つの湾を越えてもなお、柱状節理の見られる海岸が続く。突き出した岬が、いかにも「スコットランドにつながっていた渡り道が壊された跡」かのように見える

住所：Bregagh Road, Stranocum, County Antrim, Northern Ireland BT53 8PX UK

近隣の観光名所

Dark Hedges

ダーク・ヘッジズ

（北アイルランド）

異世界に通じそうな銀色の並木道

数あるジャイアンツ・コーズウェイ観光ツアーの中に、コーズウェイと「ゲーム・オブ・スローンズ」のロケ地巡りを組み合わせたものがある。大ヒットしたこのファンタジー・ドラマ・シリーズ、多くの場面が北アイルランドで撮影されている。

ツアーの一環で訪れたのが、ここダーク・ヘッジズ。銀色の枝が絡まり合うブナの並木は、異世界への入口のよう。ドラマに出てくる時間はほんの数秒ながら、視覚的インパクトの強さで世界中の人の目を惹きつけた。元々は、この奥にある屋敷の主人が客人をドラマチックに迎え入れるために、一八世紀に植えた並木。遠い未来に世界中から客人を迎えることになろうとは、彼も想像しなかったに違いない。

2

夢の舞台《ステージ》の旅先案内

Minack Theatre

ミナック・シアター
(コーンウォール)
背景は海・星・月 —— 崖っぷち劇場の驚異の物語

MINACK THEATRE

住所:Porthcurno, Penzance, Cornwall TR19 6JU UK
電話番号:+44 (0)1736 810181
ウェブサイト: https://minack.com
付帯施設:エクシビション・センター、カフェ、ショップ
ロンドンからの公共交通機関:London Paddington駅からPenzance駅まで列車で約5時間。Penzance駅前のバス・ターミナルからバスに乗りPorthcurnoまで約45分。このバス停から劇場まで徒歩約10分。

ミナック・シアターの俯瞰図

階段状の客席

断崖絶壁の野外劇場

イギリスの西の最果ての地ランズ・エンドの近く、ポースカーノという海岸の上の断崖絶壁に、岩場をくり抜いて造った野外劇場がある。下の海まで三〇メートルはあろうかと思われる切り立った崖の上のゴツゴツした大岩に大型彫刻を彫り込んだような造り。何ゆえこんなところに劇場が？　と驚嘆してしまうとんでもない立地だ。

名前はミナック・シアター。ミナックとはコーンウォール地方の言葉で「岩だらけの土地」の意味だそうで、まさにこの劇場のある場所を示している。

劇場は急勾配の土地に造られているため、一番上に立つと、眼下に円形ステージ、長いステージ、階段席、バルコニー席、通路、階段、柱の列などがパノラマ展望できる。階段席はステージの周りだけでなく、気紛れに付け足したかのように、さらに上方にも延びている。全体が計画的に増設されたというより、有機的に増殖したように見える構造だ。人工の建築物と自然の大岩が混在し、そのすき間にできたスペースを温暖なこの地方ならではの亜熱帯植物が埋める。

劇場の向こうはターコイズ・ブルーの海。彼方にリザード半島、東にはポースカーノ湾の金色の砂浜と、コーンウォールの絶景が広がっている。

イタリアの夏並みに晴れた日など、これは古代ローマのアンフィシアターかと勘違いしてしまいそうだが、実はここは一九三〇年代に基礎が造られた近代の劇場だ。今も現役で機能しており、イースターから秋の終わりまでのシーズン中、週替わりのプログラムで演劇、ミュージカル、オペレッタ、コメディ、子供向けの劇、朗読会など、さまざまなパフォーマンスが行われている。観劇客と劇場見学客合わせて、ここを訪れる人は年間二五万人にも上る。

創造主ロウィーナ・ケイド

誰がなぜ、こんなところに劇場を建てたのか。ミナック・シアター建設の陰には、驚くべきストーリーが隠されている。ここは一人の演劇好きの女性が、ほぼ自力で、普通の大工道具だけを使って「手造り」した劇場なのである。劇場創造主の名をロウィーナ・ケイドという。一体どんな人だったのか。ロウィーナの人物像をたどってみよう。

ロウィーナ・ケイドは一八九三年、イギリス中部ダービシャーの裕福な中産階級の家庭に生まれた。両親と兄弟姉妹に囲まれて何不自由のない暮らしをしていたが、第一次世界大戦で父親が亡くなって、生活が一変してしまう。一家はその時暮らしていたチェルトナムの屋敷を売り、コーンウォールに引っ越した。その住居はミナック・ハウスと呼ばれ、劇場の駐車場の奥の崖の上に現存する。そこから坂をやや下ったところに、ミナック・シアターはある。つまり、劇場はケイド家の崖っぷちの庭にあたる土地を開拓したものなのだ。

戦争が終わり、平和が訪れた一九二〇年代。ロウィーナは引っ越し先のコーンウォールで、村の劇団の公演準備を手伝っていた。自ら演技をすることはなかったが、ステージ・デザイン、衣装作り、小道具の制作など、舞台美術を一手に引き受けていた。

一九二九年のその劇団の出し物はシェイクスピアの『夏の夜の夢』だった。ロウィーナの作った衣装を着て演技する「妖精たち」が写ったかわいらしい写真が残っている。この劇は、海辺から少し内陸へ入った牧草地で上演された。

次の出し物は、同じシェイクスピアの『テンペスト』に決まった。『夏の夜の夢』は牧草地でよかったが、『テンペスト』は大嵐の海と孤島が出てくる話である。背景に波立つ海があるに越したことはない。そこでロウィーナは「どうぞうちの庭をお使いください」と提案した。

これが、ミナック・シアターが生まれたきっかけだった。ロウィーナは、では急いでステージと客席を造らなければと考えた。これが、長く続く劇場建設の初めの一歩だった。地元の劇団の公演を成功させたい。ミナックの歴史の始まりは、とても無邪気な動機だった。

絶壁での力仕事

彼女は、時折庭師のビリー・ローリングスの手を借りたものの、ほとんど独力で二年かけて簡素なステージと客席のある小劇場を造り上げ、一九三二年、予定どおり『テンペスト』の上演へとこぎつけた。

「照明は車のヘッドライトとロウィーナの家から電源を引いた弱々しい明かり。しかし、月が昇ってあたりの湾を照らし始めると、ミナック・シアターに魔法がかかったようになるのだった」(ミナック・シアター「エクシビション・センター」の解説より)

村の小さな劇団の芝居だったにもかかわらず、シェイクスピアの名作を取り上げたことと自然豊かな劇場が評判となり、全国紙の『ザ・タイムス』に好レビ

左/ミナック・シアターができる前に上演された1929年の『夏の夜の夢』。右/ミナックでの初公演となった1932年の『テンペスト』。どちらも衣装担当はロウィーナ

建設作業中のロウィーナ

ユーが載ったそうだ。

劇場の基礎はできたが、ロウィーナはこれで完成とは思っていなかった。彼女は続けてどんどん拡張工事を行い、結局三〇代で始めたこの劇場建設を、一九八三年に八九歳で亡くなる直前まで約五〇年間にもわたって続けることになるのだ。

夏は演劇シーズンでステージが使われるため、建設は冬の間に行われた。厳寒の気候の中でも作業は休まず続けられた。相変わらずビリーの助けを時々得たが、基本的に彼女はどんな力仕事も自分でやってのけた。大岩を切り出し、下の海岸から砂をリュックサックに入れて運び上げ、それをセメントと混ぜた建材でステージを広げ、座席を増やし、柱や階段や通路を形成していった。楽屋を建設し、庭も造った。

ある日、海岸に四・五メートルの流木一二本が漂着したことがあった。これは何かに使えると思った彼女は、流木をかつぎ、崖の上まで運び上げた。貨物船から流れ出たこの木材を探していた税関吏がロウィーナに何か見なかったか尋ねた時、彼女は「それは全部私が崖の上に運び上げました」と答えたが、「まさかこんなか弱い女性が」と、全く信じてもらえなかったという逸話が残っている。確かに、写真の中の彼女はそれほどたくましそうには見えない。

切り立った崖の上で、五〇年間も続けられた重労働。一歩間違えればクラクラする高みから三〇メートル下の海の岩場へまっ逆さまという環境で、この間、波にのまれたのは数個の大岩と手押し車一台だけだったというから、これは大変幸運なことだったといえるだろう。

建物造る人

演劇好きの人が演技をしたり制作に関わることはあっても、劇場を手造りしてしまおうとまで考える人は少ないのではないだろうか。何がロウィーナをここまで駆り立てたのだろうか。なぜ劇場建築の情熱が、こんなにも長続きしたのだろうか。

一九三〇年代、コーンウォール地方では、娯楽の中でも特にシアターの人気が高く、人々の社交生活の大きな部分を占めていたという。そんな楽しみが生涯自分の中で続いたのか、あるいは人が朝起きて仕事に行くみたいに、建設作業が彼女にとって毎日のルーティーンになったのか。

本当のところはわからないが、建設中の写真を見ると、彼女は楽しそうで、作業に夢中になっている様子が伝わってくる。また、リラックスして手馴れた感じで力仕事をこなしているのが見てとれる。

世の中には、こうしてたった一人で建物を造らずにいられない人というのが時折現れるようで、ぱっと考えただけでも、フランスの小村オートリーヴに石とセメントで城を築いたフェルディナン・シュヴァル、北インド、チャンディガールに広大な彫刻ガーデンを手造りしたネック・チャンドという二人の世界的に有名なアマチュア手仕事建築士が思い浮かぶ。

一八七九年から三三年間かけて造られたシュヴァルの「アイデアル・パレス（理想宮）」は、濃密な南国風の彫刻でびっしりと飾られた特異な建築物。オートリーヴまで足を延ばす日本人がまだ少なかった一九九〇年にここを訪ね、城とシュヴァルについて精査した著述家・翻訳家の岡谷公二さんが貴重な記録と印象を『郵便配達夫シュヴァルの理想宮』（作品社のち河出書房新社）にまとめている。この城については映画もできたので、ご存知の方も多いだろう。

チャンドの彫刻ガーデンは、手作り彫刻約二〇〇〇点とさまざまな構造物を擁する五〇年がかりの労作だが、実は彼が自分の土地でないところに造ってしまったがために、一時は取り壊しの危機に直面。しかし、当局がそのセンスのすばらしさを認め、公共公園として存続することになったいきさつがある。

フランスとインドと離れているのに、二人とも、変わった形の石を見つけたことが自分で建物を造り始めるきっかけになったと証言している点、誰に頼まれたわけでもないのに、とにかくヴィジョンがあって造らずにいられなかった点が不思議と共通している。また、シュヴァルは郵便配達夫、チャンドは交通局職員と堅い仕事に就きながら、仕事帰りや休日に爆発したように一人作業に打ち込んだ点も似ている。

こうした建築物は、アウトサイダー・アートの脈絡で語られる場合もある。シュヴァルとチャンドの建築に共通しているのは、とにかくすみずみにまで独自のデザインが行き届いていることだ。

物語の詰まった劇場

ロウィーナも、劇場を設計建築しただけでなく、部材のあちこちに彫り込み模様を入れ、細部のデザインへのこだわりを見せている。石段や柱に刻まれているのは、渦巻き模様、格子模様、同心円模様。方位記号や植物、また海辺らしく貝殻やタツノオトシゴを描いたものもある。

こんなふうなので、階段を降りるたび、角を曲がるたびに何かしらおもしろい発見がある。構造物の一片一片にロウィーナの物語が詰まっているのが感じられる。

座席の背もたれには、この劇場での初公演となった一九三二年の『テンペスト』を皮切りに、毎年の上演演目が彫り込まれている。ロウィーナはコンクリートが柔らかいうちに、普通のネジ回しでこれらの文字を刻んだ。一九六六年に、長年の助っ人だったビリーが亡くなった時には、ビリーを偲ぶ特別席が作られ、そこに碑銘が刻まれた。

ビリーが亡くなった時、ロウィーナは七三歳になっていた。これ以降も彼女は手押し車を押

座席や階段、通路、門に彫られた抽象、具象の図柄。座席の背もたれには、年ごとの上演演目が記されている

エキゾチックな植物が繁茂するミナック・ガーデン

海を見下ろす眺めのいいカフェ

『三銃士』の上演風景。背景の自然が刻々と移り変わる中で観劇できるのが野外劇場の醍醐味

して、完全に一人きりで建設作業を続行。自分のヴィジョンを形にし続けた。そして、それは彼女が九〇歳の誕生日を目前にして亡くなるまで続けられた。亡くなってからも、「屋根付きの小劇場の増設」などなどといったその先の構想を彼女がまだたくさん抱えていたのを後世の人が発見している。

ロウィーナは一九七〇年代に、劇場をトラストに委託した。彼女の血縁の人たちを含むそのトラストが今も劇場を運営しており、ロウィーナ亡き後も、ミナック・シアターは進化を続けている。一九八八年には劇場の歴史とロウィーナの生涯を解説する「エクシビション・センター」が設置された。その一〇年後にはカフェとショップができた。庭も拡充。アエオニウム、エキウム、シルバートゥリーなどのエキゾチックな植物が生き生きと繁る見応えのある庭に発展した。五〇年代に建てられた楽屋は構造的に危険なことが判明したため建て替えられ、二〇一一年に新しい楽屋が完成した。ステージの方にも、今は（車のヘッドライトでなく！）最新鋭の照明とサウンド・システムが備えられている。

それでも、座席はゴツゴツのコンクリート席と芝生席の二種類なので、ここで観劇する際はクッションを（できればビニールに包んで）持参することをおすすめする。急傾斜の通路や岩場が多いので、靴はウォーキング・シューズ推奨。また、よほどの荒天でない限り雨天決行カサ禁止、かつイギリスは真夏でも夜は冷え込むので、厚手の防水ジャケット必携。都会でのシアター行きとは違う、ちょっとしたハイキングに出かける程度の装備が必要だ。夜の劇が終わるのは一一時頃と遅く、バスがなくなってしまうので、車を使わない旅行者には不便だが、観劇後に宿まで送ってくれる地元のタクシー会社があるので（要事前予約）、シアターのウェブサイトで調べておこう。

さて、私はこの劇場でまだ『テンペスト』を見たことがない。劇場のこけら落としが『テンペスト』だったのを記念して、ここではシーズン中に必ず何本かシェイクスピア劇を上演することになっているのだが、なかなか『テンペスト』がプログラムに載らない。空に昇った天然の照明、月光はこの劇にどんな効果をもたらすのだろうか。背後で大きな波しぶきが上がる中、嵐の場面はどんなふうに演じられるのだろうか。月下の舞台がマジカルに輝く様子を想像しつつ、いつかこの劇を見にいける日を楽しみに待ちたい。

Eden Project

イーデン・プロジェクト
（コーンウォール）
近未来的植物園で地球の未来を考える

EDEN PROJECT

住所：Bodelva, Cornwall PL24 2SG UK
電話番号：+44 (0)1726 811972
ウェブサイト：https://www.edenproject.com
付帯施設：カフェ、レストラン、ショップ
ロンドンからの公共交通機関：London Paddington 駅から St Austell 駅まで列車で4時間強。St Austell 駅から Kernow 社のバスで Eden Project まで路線により10～25分。

古代の怪鳥の卵かのような温室群

コーンウォールの山奥の谷あいに、古代の怪鳥が産みつけた卵かのような丸い形の建物が連なっているのが見える。近づくと、それは乳白色の皮膜に覆われた建造物で、卵どころか見たこともないほど巨大なドーム建築だ。ここはイーデン・プロジェクト。ドームは多種のエキゾチックな植物を擁する温室で、周辺にも珍しい木々の生える植物園が広がり、全体が近未来的な半人工施設でありながら周囲の自然によく溶け入っている。

イーデンを何と説明したらいいのだろう。イーデンは英語発音を採用しただけで、「エデンの園」のエデンと同じだ。これだけで、設立者たちがここにエデン的園を出現させようとした意図が伝わってくる。ただし、現代のエデンは、エコロジー上正しい「園」でな

ジップ・ワイアー（ジップラインともいう）で温室の上を高速滑降

ければならない。イーデン・プロジェクトの二大テーマは、多様性に富んだ植物の展示、エコロジーの実践と教育だ。といっても教育は堅苦しくなく、エンターテインメント性たっぷり。屋外植物園でプラタナスの並木を見上げていたら、ジップ・ワイアーに乗った人たちが「イエーイ！」と叫び声を上げながら、頭上をブーンと飛んでいった。何か、楽しい。イーデンを一言で言うと、遊園地的植物園あるいはエコロジー・テーマパークといったところだろうか。

すでに地球の環境破壊が進んでいるのを前提に、園は自分たちのミッションをこう表現する。「生き物どうしの隠されたつながりを明らかにし、自然とも人間とも協働しながらよい変化を起こしていくこと」。

開園は二〇〇一年。植物園としてのすばらしさに加え、環境問題への関心の高まりにも後押しされ、ここは短期間でイギリスを代表する人気アトラクションになった。二〇二一年に主要七ヵ国首脳会議がコーンウォールで開かれた際には、各国首脳がここを訪れ、散策ののち記念撮影に臨んだ。

レインフォレスト・バイオーム

園の主な構成要素は、長大な二つの温室、広大な屋外植物園、そして教育施設。屋外植物園では、野生に近い樹林、整形式花壇、耕作された畑地が混じり合い、繁茂する亜熱帯植物の合間合間に多数のアート作品がひそむ。そんな自然と人工の絶妙の配合がおもしろく、視覚的にも魅力的な庭である。

温室は、ここでは「バイオーム」と呼ばれる。園内には四つずつのバブルからなる二つのバイオームがあり、大きい方が「レインフォレスト（雨林）・バイオーム」、小さい方が「メディタレニアン（地中海）・バイオーム」。それぞれの気候帯を代表する植物が中に大集合している。両温室をつなぐ「ザ・リンク」という建物が、双方への入口を兼ねる。ザ・リンクは、いうなれば世界の「擬似奥地」への探険旅行の出発点なのだ。

まずはレインフォレスト・バイオームへ。入ると、そこはいきなり密林地帯。とてつもなく背の高いシュロやヤシの木が林立し、ジメジメ蒸し蒸し、草いきれのする世界。高温多湿の雨林気候を体感できる。

雨林といえば、ブラジルのアマゾン川流域の熱帯雨林が有名だが、ほかにも西アフリカや東南アジアの一部にこの気候に当てはまる温帯・熱帯雨林がある。

近年アマゾンの熱帯雨林が伐採や火災で破壊され、危機的状況に陥っていることがニュースで伝えられている。雨林の破壊が進むと気候変動と動植物の種の減少や絶滅が起こり、地球全体に深刻な被害が及ぶ。

雨林気候が再現されたレインフォレスト・バイオーム。長さ240メートル、最大幅110メートル、高さ50メートル、植物種数約1200

シュロの木、ヤシの木、ハイポエステス、ハイビスカス……ジャングルへようこそ

このバイオームでは、イーデン・プロジェクトが現地の環境保護団体と共同で取り組む熱帯雨林回復のための活動が紹介されると共に、ゴムの木、コーヒーの木、バナナの木、ヴァニラの木、シュガーケインなどを通じて、雨林がいかに我々にとって身近なものであるかが解説されている。

ユニークな見かけのバオバブも、食用から建材にまで使える有用な木。イーデンのカフェでは、材料の調達が可能な日には、バオバブ・スムージーとバオバブ・アイスクリームを販売しています……となっているが、いつも売り切れで買えたことがない。これらは私にとって今のところ幻の飲料・食料だ。

レインフォレスト・バイオーム内には吊り橋や遊歩橋があり、密林を上から見下ろす「冒険」もできる。

メディタレニアン・バイオーム

ザ・リンクに一旦戻り、メディタレニアン・バイオームへ。こちらは地中海性気候のため、雨林の蒸し暑さはなく、カラッとさわやか。この気候帯も地中海沿岸部だけでなく、カリフォルニア、南アフリカ、西オーストラリアに広がっている。

地中海性気候を代表する植物は、オリーブとブドウだ。両方とも数千年の昔から栽培されてきた作物で、オリーブから作られるオリーブ油、ブドウから醸造されるワインは、巨大な市場を持つ商品となっている。

この気候帯は、ほかにも農作物を豊富に産出し、ここでもトマト、豆類、各種サラダ菜が育てられている。これらを皿に盛り、同じバイオームで育つミント、オレガノなどのハーブをのせ、オリーブの実を加え、レモンとオリーブ油をかけ、ワインを添えたら、地中海サラダ・ランチができ上がる。

「パフューム・ガーデン」を通ると、よい香りに包まれる。ここには、この気候帯で育つ植物の中からシトラス、パルマスミレ、ダマスクローズ、ケープジャスミンなどとりわけ香りの濃厚な種類が集められている。中には香水の原料になるものもある。

このようにこのバイオームには食料、衣料、薬品、建材から嗜好品、切り花まで商業的に有用な植物が多数植えられており、生活上、経済上、人間が植物からどれほど大きな恩恵を受けているかが示されている。

このバイオームはカラッとさわやか、と書いたが、ドーム内は地中海性気候のベストな状態に設定されているのだろう。実際にはこの気候帯は、季節により寒暖湿度の差が激しく、酷暑や干ばつのため山火事の多い土地もあるという。

バイオームでは、こうした気候に順応するための特殊な機能を備えた植物が紹介されている。たとえば、貯水組織を持ち乾燥した土地にも耐えられるアロエのような多肉植物。山火事で植物が焼けてもあとから再生できるバンクシア、プロテア、コルクガシなどの耐火性植物。植物たちのたくましい順応性に驚かされる。

地中海性気候帯の自然も、残念ながら雨林地帯と同様に、開発や火事で年々面積が減少している。加えて、プラスチックごみによる海洋汚染で、海洋生物に多大な被害が出ており、こち

地中海性気候が再現されたメディタレニアン・バイオーム。長さ135メートル、最大幅65メートル、高さ35メートル、植物種数約1300。正面に見えるのはオリーブの巨木

耐火性植物の一つ、プロテア

らも地球規模で緊急に解決しなければならない課題となっている。バイオームは「擬似環境」ではあるが、そうした差し迫った問題を実感できる貴重な場だ。

ザ・コア

園内にはもう一つ、サイファイ映画に出てきそうな、モダンなコッパー色の建物「ザ・コア」がある。こちらはバイオームより少しあとにできた教育施設で、中に講堂、展覧会場、カフェがある。展覧会場では、マクロ／ミクロの自然と人間との関わりを考える「インビジブル・ワールズ（見えない世界）」展が常設開催されている。

テーマは興味深いが、会場に置かれたインパクトあるオブジェが一体何を表わしているのかはさっぱりわからない、というのが正直なところ。ロビーの中央で時々「煙」を吹き上げる大きな青い「壺」が何なのか、説明を読まずにわかる人はそういないだろう。隣の部屋にあるパイナップル様の物体についてもしかり。

たくさんある展示品の中から、特に巨大なこの二つを取り上げて、ご紹介しておこう。青い「壺」の方は、スタジオ・スワインというアーティスト・デュオが手がけた「∞（インフィニティ）ブルー」のタイトルのセラミック彫刻作品。シアノバクテリアという極小有機体を九メートル近い模型に仕立てている。シアノバクテリアは、三〇億年前の地球で大気中に初めて酸素を発生させ、生物が住める環境を整えたといわれる、大変に重要な微生物。イーデンのパンフレットに書いてあるように、まさに「見えないヒーロー」なのだ。シアノバクテリアは藍藻《らんそう》の形で海を漂っているので、海洋汚染が起きると、生き物全体の生命がおびやかされることになる。

サイズの大小を問わず、生き物は皆連鎖していることを可視化し、理解させるのがこの展覧会の趣旨だ。

「∞ブルー」の青はシアノバクテリアの色、ところどころにあいた穴から吐き出される水蒸気の輪っかは酸素を表わしているそうだ。

もう一つの彫刻、白いパイナップルと見えたものは「シード（種）」のタイトルで、種《たね》の模型。花崗岩製で、高さ約四メートル、重さが約七〇トンもある。自然界の幾何学模様に着想を得た彫刻で知られるイギリスのアーティスト、ピーター・ランドール・ペイジの作品で、ここでは自然界に多く存在するというフィボナッチ数列が使われている。

フィボナッチ数列は、一、一、二、三、五、八、一三、二一……のように前二つの数字の和から得られる数列で、ひまわりの種の並びや松かさなどに出現するといわれる。「シード」には、その数列を螺旋化した約二〇〇〇の突起が刻まれており、天井から射し込む自然光の具合により、いろいろに表情と存在感を変えていく。

人間と他の有機体の関係を考えるここはまた、サイエンスとアートが結びつく場ともいえそうだ。

建築と自然――フィボナッチ数列を軸に呼応し合う建物とアート

イーデン・プロジェクトの温室、建物は、イギリスの大手建築事務所でハイテク建築の実績も多いグリムショー・アーキテクツが設計を手がけた。ザ・コアでは、グリムショーが前述のランドール・ペイジを共同設計者に迎え、建築家とアーティストの共作が実現。結果、中にフィボナッチ数列を使った彫刻作品が設置されただけでなく、屋根のデザインにも同数列が取り入れられ

教育施設ザ・コア。2001年にできた2つのバイオームに続き、こちらは2005年に完成した。屋根のデザインに、自然界に隠された幾何学ともいえるフィボナッチ数列が織り込まれている

ザ・コアの展示。上／「∞ブルー」。左／「シード」

た。ランドール・ペイジが参画したことにより、建物と館内の作品が互いに呼応し合う形となったのだ。

自然界の幾何学模様といえば、バイオームの皮膜の六角形も、ハチの巣や昆虫の眼に見られるものだ。皮膜はＥＴＦＥという軽く強度のある素材に空気を入れてクッション状にしたもので、不規則な土地に対応する柔軟性を持っている。イーデンは、昔陶土の採掘場だったデコボコの窪地に造られたため、建築家はどんな表面にも軽々と着地できる「シャボン玉」をイメージしてバイオームを造ったそうだ。

第一印象は「古代の怪鳥の卵かのような」だったが、建築家の頭の中にあったのは実はシャボン玉だった。それも、いくつかくっついた時にくっついた面が平らになるシャボン玉の形をそのまま建築に置き換えていたのだった。

イーデン・プロジェクトはエコロジー提唱機関だけに、建築の工法、材料、運用において、極力環境に負荷をかけないこだわりを見せている。新聞紙を原料にした断熱材といったリサイクル素材を積極的に活用。ザ・コアの緑色の床材は、ハイネッケン・ビールの瓶を再加工したものだ。このほか自然の採光と換気により、省エネを実現。風力発電、太陽光発電など再生可能な自然エネルギーを使用。生ゴミは植物の肥料にし、庭の散水には雨水を利用している。また、建材から食材まで、責任ある採取法・製造法を取る業者から仕入れる配慮もなされている。

将来的に園全体のエネルギーをまかなえる地熱発電所の建設を目指して、現在実験が行われているところだ。

地球の「復元」を目指して――世界に広がるイーデンのプロジェクト

イーデン・プロジェクトは「プロジェクト」を名乗っているだけあり、植物園であることを超えて、エコロジー関連のプロジェクトを積極的に推進している。

その数おびただしく、ごく一部しかご紹介できないが、たとえば「ナショナル・ワイルドフラワー・センター」を設立して、すっかり少なくなってしまった野草をイギリス中の野原や森や住宅街に植栽する活動。また先述した熱帯雨林回復への取り組みなど、世界規模のプログラムも進行中だ。

さらには、コーンウォールを超え、国内外に新イーデン・プロジェクトの建設を進めようという壮大な計画もある。実際、イギリス、ランカシャーの海辺の町モーカムでは、エコ・シーサイド・リゾートの建設が始まっている。ほかにも中国、中・南米、オーストラリア、アメリカでも建設が検討され、一部着工しているところもある。中でも、イギリス、ポートランド島の石切り場跡にできた地下迷路をサイエンスとアートのギャラリーにする計画はおもしろそう

豊かな（人工的）自然環境を生かしての授業。イーデンのさまざまなプロジェクトの中で、教育は重要な位置を占め、小学生から大学生、研究者まで幅広い層に向けたプログラムが組まれている

だ。

何とエネルギッシュなことであろうか。いずれも海岸や廃坑、荒地が候補地で、新たな自然開発はないようだが、イーデンといえど半人工の施設には違いないので、わくわくばかりしていないで、我々もむやみな開発がないか注視していく必要があるかもしれない。

Bodleian Library

ボドリアン・ライブラリー
（オックスフォード）
知性とファンタジーの交錯する大学図書館

BODLEIAN LIBRARY

住所：Broad Street, Oxford OX1 3BG UK
（メインの入口はCatte Street）
電話番号：+44(0)1865 277094
ウェブサイト：https://www.bodleian.ox.ac.uk/
付帯施設：カフェ、ショップ、ギャラリー
ロンドンからの公共交通機関：London Paddington 駅などからOxford駅まで列車の種類により1〜2時間。駅から図書館まで徒歩約20分。

中世の面影を残すオックスフォードの街

オックスフォードといえば、ケンブリッジと並び称される名門大学の街。市内に四四のカレッジが点在し、大通りも石畳の路地裏も、自転車で移動する学生たちであふれている。カレッジの建物も教会も、厳めしい石造りが多く、街には中世の面影が色濃く残されている。

『ハリー・ポッター』の映画シリーズが大学のあちこちで撮影された事実、ルイス・キャロル、J・R・R・トールキン、C・S・ルイス、フィリップ・プルマンといったイギリスを代表するファンタジー作家をこの大学が生み出した事実、こうした事々が重なって、この古都がどうも魔法がかって見えてしまうのは、自分がいつの間にか魔法色の眼鏡をかけてしまっているせいだろうか。せっかくなので、そんな眼鏡をかけたまま、大学の深奥にある世にも美麗な図書館ボドリアン・ライブラリーを訪ねてみようと思う。

オックスフォード大学には、付属の博物館や植物園など一般公開されている施設が多く、キャンパス・ツアーをやっているところもある。中でも、ここもハリー・ポッター映画のロケ地であるカレッジ、クライスト・チャーチは人気が高く、ツアー参加者が引きも切らず訪れる。図書館も見学できる施設の一つ。ただし、内部を見るには予約制有料のガイド・ツアーに参加する必要がある。

中に入る前に、ボドリアン・ライブラリーとは何なのかをご紹介しておこう。この図書館は長い歴史と実に複雑な構造を持っているのだ。

ボドリアンの始まり

パンフレットにボドリアン・ライブラリーには四〇〇年の歴史があると書かれているが、この図書館の原型ができたのはずっと古く、中世の昔にさかのぼる。国王ヘンリー五世の弟のグロースター公爵ハンフリー（一三九一〜一四四七）がオックスフォード大学に二八一冊の写本を遺贈したのがきっかけとなり、ディヴィニティ・スクールという建物の上階に小さな図書館が造られたのがすべての始まりだった。図書館は、最初の本の寄贈者の名からデューク・ハンフリーズ・ライブラリーと名づけられ、一四八八年にオープンした。

二八一冊というと、今日の感覚だとそれほどの量に感じないかもしれないが、活字印刷が普及するまで本は自分の手で書くか写すしかなく、これだけの数の写本は大変に貴重かつ高価なものだった。

図書館は順調にすべり出したが、宗教改革の時代の一六世紀半ば、国王から「カトリックの痕跡を残すものをすべて処分せよ」の命が下り、本の多くが焼かれるという憂き目にあった。

グレート・ゲイトをくぐり、正面に見える入口から図書館に入る

旧ボドリアン・ライブラリーは、ヨーロッパ最古の図書館の一つ。学内だけでなく、世界中の学者や研究者に開放されており、年間200万人以上がここを訪れる

この焚書《ふんしょ》事件のためだけかどうかわからないが、ハンフリー公爵が寄付した二八一冊のうち現在残っているのは三冊だけだそうだ。

その後図書館は荒廃の一途をたどったが、そんな状態を見かねて救済の手をさしのべたのがサー・トマス・ボドリー（一五四五〜一六一三）だった。エリザベス朝の外交官にしてマートン・カレッジのフェローだった人物で、自己資金を投入してまず図書館を全面改修し、自身の寄付を含む二五〇〇冊を書架に収めた。図書館が再オープンしたのが一六〇二年。原型ができたのはもっと古いが、通常この年をもってデューク・ハンフリーズ・ライブラリーの正式設立年とされる。パンフレットの「四〇〇年の歴史」もここが起点になっている。

ボドリーは図書館を進化させただけでなく、図書館司書を置いたり図書カタログを作ったりと、しっかりした運営システムを確立した。さらに書籍出版業組合との交渉で法廷納本制度を成立させた功績も大きい。納本制度は、イギリスで刊行される出版物で同組合に登録されるものすべてを一冊ずつ無償で図書館に納入することを義務づける制度。これにより図書館は無料で網羅的に図書を収集することができる。

ボドリーの大学への貢献は続く。スクールズ・クアドラングルという巨大なゴシック建築物を建て、そこに多数の講義室をしつらえたほか、図書館のスペースが足りなくなってきたのを見て、一六一二年にアーツ・エンドと呼ばれる東棟を追加。ボドリーの没後、一六三七年に西棟セルデン・エンドが追加された。この両棟を得て、図書館はディヴィニティ・スクールのある建物の二階部分をH字形に占めることになった。

このオックスフォード大学の図書館の中で最も古い部分の一つ、かつ最も美しい部分が、ボドリーの名前からボドリアン・ライブラリーと呼ばれるが、そこは同時にデューク・ハンフリーズ・ライブラリー+アーツ・エンド+セルデン・エンドの名前も持つ。さらに近年はボドリアンの図書館グループが編成され、二八の図書館の集合体が「ボドリアン・ライブラリーズ」と複数形で総称されて紛らわしいので、この旧来のボドリアン・ライブラリーは「旧ボドリアン・ライブラリー」と呼ばれることが多い。

鎖でつながれた本

いささか複雑なボドリアンだが、ガイド・ツアーでこの「旧」の部分に入ってみよう。ツアーは短いものから長いものまで数種類。当然、時間の長いものの方が入れる図書館の数が多い。どれも人気ですぐにチケットが売り切れるので、事前に予約してから出かける方が安心だ。

私が参加したツアーでガイドを務めてくれたのは、大変に上品な白髪のご婦人だった。「利用者のじゃまになるといけないので、小さい声で話しますね」と、解説がささやき声だったので、参加者一同ものすごく真剣に耳を傾けた。

「写本は大変に貴重なものなので、盗難予防のため、昔は鎖で書架につながれていました。今も何冊かはそのままになっていて、閲覧者は書架の真ん前に置かれた机でしかそれを読むことができません」と言い、鎖でつながれた大きな本をガチャガチャと引っぱり出して見せてくれたので驚いた。本物の中世の写本を読めるなら、真ん前の机でしか読めない不便も自分なら気にならないと思った。

旧ボドリアン・ライブラリーは、重厚感漂う図書館である。革装の蔵書を収納した暗い色のオーク製本棚が並び、本棚の上は王冠と紋章と本をモチーフにした天井画、壁には各カレッジの創設者の肖像画が掛かっている。そして、細かなトレーサリー（網目）模様のあるゴシック窓から、厳かな感じで日が射し込む。

ガイドのご婦人は、またこんな話もしてくれた。「図書館には、一九世紀に入るまで暖房も明かりもありませんでした。そのため冬の閉館時間は三時でした」。イギリスの冬の日照時間は短く、三時半になれば真っ暗になってしまうので、明かりがなければ三時の閉館もやむをえない。「そして、もちろん冬は底冷えのする寒さでした。暖を取るために皆が何をしたと思いますか？　輪になってダンスを踊ったんです！」。

寒い冬にはダンスで暖を。文献をめくる手を休めて、体を温めるために閲覧室でクルクルと輪舞する人たちを想像して、ちょっと微笑ましい気分になった。

ホグワーツ図書館

旧ボドリアン・ライブラリーは、ハリー・ポッターの映画シリーズに、ホグワーツ図書館として登場することで有名だ。確かにここほど魔法学校の図書館のロケ地にふさわしい場所はないだろう。

映画のホグワーツ図書館では、取り出した本は本棚に向かってふわっと投げるだけで、本自ら棚の中の自分の居場所へスッと戻っていく。

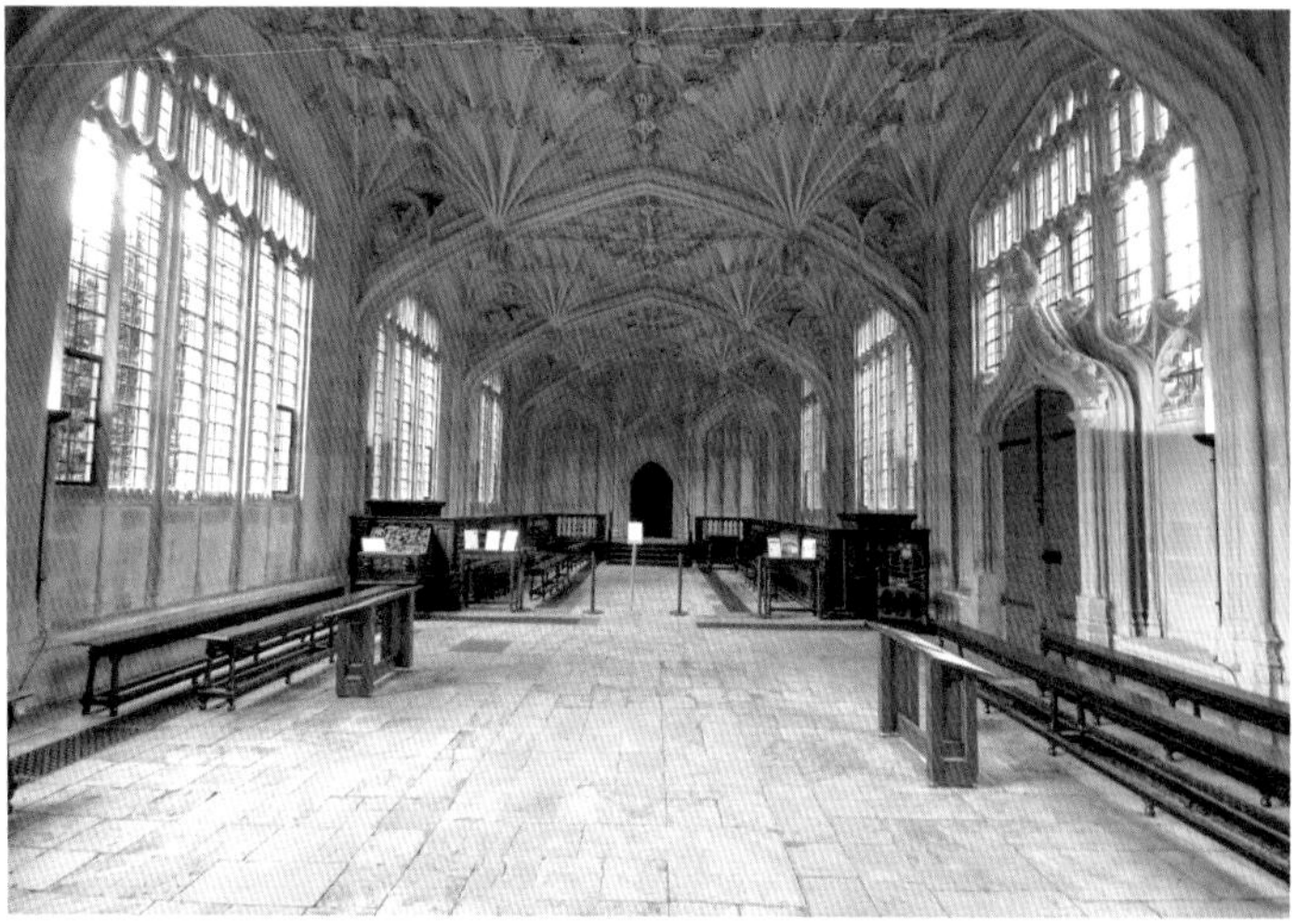

図書館ではないが図書館ツアーに含まれているディヴィニティ・スクール。映画には病院として出てくる

ウエストン・ライブラリーは20世紀半ばのモダン建築

第一作目『賢者の石』の中には、図書館でハーマイオニーがぶ厚い本を前に、ハリーとロンに向かってニコラ・フラメルについて講釈する場面が出てくる。彼女の口から、フラメルが知られる限り人類で唯一賢者の石を作った人であること、そのフラメルが前の年に六六五歳の誕生日を迎えたことが語られる。ハリー・ポッターの物語には、このフラメルほかパラケルススなどルネサンス期の錬金術師の名がさりげなく織り込まれているので、本の中からこうした存在を発掘調査してみるのもおもしろいだろう。

ハリー・ポッターの映画だけに、図書館ではいろいろありえないことが起こるが、一番ありえないのはランタンの使用だろう。ハリーも大人たちも、ランタンを持って夜間に図書館を歩き回っている。おそらく魔法のランタンは引火したりしないのだろうが、現実の大学図書館は火災に対して神経を尖らせているので、ランタン持って蔵書の間をそぞろ歩き、は不可能だ。

ドーム屋根の図書館ラドクリフ・カメラ

ツアーではほかにディヴィニティ・スクール、長いツアーでは加えてラドクリフ・カメラなどを巡ることができる。

ディヴィニティ・スクールは、一五世紀後半築の講義室。天井のゴシック装飾がすばらしい。

オックスフォードの絵葉書に欠かせないドーム屋根の図書館ラドクリフ・カメラ。この街を舞台にしたイギリスの刑事ドラマ「モース」「ルイス」「エンデヴァー」に毎回のように登場した

装飾はリアーン・リブと呼ばれる繊細かつ大胆な石細工で、天使像、聖人像のほか、図書館造りに貢献した人々のイニシャルや宗教的アイコンなど無数の小さな浮彫りがちりばめられている。映画に学校付属の病院として出てくるのが、ここである。

ラドクリフ・カメラはドーム屋根が印象的な一八世紀半ば築の図書館で、その優美なたたずまいで今ではオックスフォードの視覚的象徴となっている。ラドクリフは、建物の建設に資金提供したジョン・ラドクリフ医師（一六五〇～一七一四）の名前から。カメラは「写真機」とは関係なく、ラテン語で「部屋」を意味する。

設計を担当したジェームズ・ギブズがローマで建築を勉強した人物であることから、この建物はローマン・バロックと当時流行した新古典様式の影響下にあると見なされている。館内には優雅なアーチが巡らされ、丸天井には精緻な漆喰細工が施されている。

元々旧ボドリアン・ライブラリーのスペース不足解消のために建てられ、初めは科学系専門の独立図書館だったが、一九世紀後半にボドリアン・ライブラリー・グループに組み入れられた歴史を持つ。二〇世紀初めには、旧ボドリアンとここラドクリフをつなぐ地下書庫トンネルが掘られ、両館の間の図書搬送ルートとして使われた。このトンネルは二〇一一年に大改装され、現在は地下閲覧室となっている。

ドームあり、トンネルあり、中世の部分あり、次に書くモダンな箇所あり、さらにここには書ききれない多数の図書館が統合されたボドリアン・ライブラリー・ネットワークは、迷路のようで、ホグワーツ城並みに複雑だ（しかも、それ以外にボドリアンに属さない図書館もたくさんある！）。全部を把握するには、ハリーが持っていたような魔法の地図が必要かもしれない。加えてどこかに立ち入り禁止の蔵書室があったりするなら、あの透明マントを借りて、ぜひ侵入してみたいものである。

モダンなウエストン・ライブラリー

最後にツアー・ルートに入っていないウエストン・ライブラリーをご紹介しておこう。ウエストンもボドリアン・ライブラリー・グループの一つだが、ここがルートに入っていないのは、閲覧室以外一般に開かれた部分が多く、ガイドと一緒でなくても個人で自由に入れるからだ。

ウエストンは、旧ボドリアンに対する新ボドリアンの位置づけで、書庫、閲覧室の拡張を目的に造られた。オープンが一九四六年と、オックスフォード大学図書館の中では比較的新しい。設計者のジャイルズ・ギルバート・スコットは、イギリス名物赤い電話ボックスのデザインほかバタシー発電所、バンクサイド発電所（現在のテイト・モダン）などインダストリアル・ビルを手がけたことで知られる建築家。そのため、ここは今まで見てきた他の図書館とはまるで異なるクールで直線的な外観をしている。中世、近世の図書館を経てここにたどり着く行程は、数世紀分の建築史の旅ともいえる。

この図書館は二一世紀の修復工事を経て、さらにウルトラモダンに生まれ変わった。カフェ、ショップが新設されて一般人も利用しやすくなった上、ギャラリーでボドリアンの有名コレクションの展示や、「トールキン展」といった企画展も見ることができる。

現在、ボドリアン・ライブラリーズは図書館グループとして、ロンドンの大英図書館に次ぐイギリス第二の規模を誇っている。蔵書数約一三〇〇万冊。それとは別に、古代パピルス本、中世の写本、マグナカルタのオリジナル、シェイクスピアのファースト・フォリオを含む世界的にも貴重な「スペシャル・コレクション」を保有する。

ボドリアン・ライブラリーの歴史は、大英図書館と同じく、予想を超えて増殖する本との格闘の歴史といった側面がある。図書館設立の企画には、その時代時代の名士や賢人が関わってきたのであろうが、そんな人たちにすら予想のできない勢いで本が増え続けたため最終的な図書館全体像が描けず、場当たり的にスペースを増やして大変ややこしい構造になってしまったわけだが、その複雑さがまた魅力にもなっているのでおもしろい。

二〇世紀半ばにできたウエストン・ライブラリーは、二〇〇年分の図書の増加を見込んで造られた。ところが、二〇〇年どころか二一世紀に入ったとたんに許容量一杯になってしまう。

大学は二〇一〇年にオックスフォードから離れたスウィンドンという土地に巨大な書庫を建て、両地点間を貸し出しと返却の本を積んだ車が往復するようになった。今のところ、これが二一世紀的スペース不足解消法であるようだ。

ツアー参加後にショップで買った『ボドリアン・ライブラリー・スーベニア・ガイド』を読んでいたら、「二〇〇〇年分の図書の増加を見込んだ図書館」について設計者のジャイルズ・ギルバート・スコットが一九三七年に興味深い発言をしているのを見つけたので、引用しておく。「その頃には、今あるような図書館はなくなっていると思います。中央テレビ局が本の画像を無線で家にいる読者に送り、読者はボタンを押してページをめくるようになっているでしょう」。

彼は一九三〇年代に、タブレットで読む電子書籍の出現を予測していたのだ。こちらも二〇〇〇年どころか、予測から一〇〇年もしないうちに実現した。紙の本と図書館はどうなっていくのだろうか。電子書籍にはない紙の本の魅力と魔力を人々はいつまで感じ続けるだろうか。ボドリアン・ライブラリーを見学した時に見た図書館利用者たちは、少なくとも今のところはノートパソコンと紙の本の両方を開いていたが……。

住所：Beaumont Street, Oxford OX1 2PH UK

近隣の
観光名所

Ashmolean Museum

アシュモリアン・ミュージアム
（オックスフォード）

魔法の図書館の次はイギリス最古の博物館へ

図書館から徒歩一〇分ほどのところにあるアシュモリアン・ミュージアム。ここは一六八三年に設立されたイギリス初の公共博物館。名称は、創設の基礎となるコレクションを寄贈した一七世紀の博物学者エライアス・アシュモールに由来する。

寄贈品の中身は、ロンドンの庭師トラデスカント父子が海外で植物採集の合間に収集し、自宅で公開していた珍しいオブジェを隣人だった彼が譲り受けたものだった。つまり、ここはイギリス初の私設博物館のコレクションを基にしたイギリス最古の博物館、と大英博物館以上の長い歴史を持っているのだ。

現在は、考古学的発掘品から現代美術まで、文明の諸相を網羅する大型総合博物館となっている。

Strawberry Hill House & Garden

ストロウベリー・ヒル
(トゥイッケナム)
怪奇小説の元祖ウォルポールの造った「かわいい」ゴシック城

STRAWBERRY HILL HOUSE & GARDEN

住所：268 Waldegrave Road Twickenham TW1 4ST UK
電話番号：+44 (0)20 8744 1241
ウェブサイト：https://www.strawberryhillhouse.org.uk
付帯施設：レストラン、ショップ
公共交通機関：ロンドン地下鉄/ナショナル・レイル Richmond駅から R68バス Hampton Court Station行きに乗り Michelham Gardens 下車。もしくは同駅から33番バス Fulwell 行きに乗り Strawberry Vale 下車。またはナショナル・レイル Strawberry Hill駅から徒歩約7分。

童話の挿絵そのままの

ロンドン郊外のトゥイッケナムというところに、怪奇小説の元祖であるホレス・ウォルポールの造ったゴシック城がある。その城にはストロウベリー・ヒルという名前がついている。ゴシック城なのに、嵐が丘とかではなく苺が丘とは、何だかかわいい。気になってここを初めて見にいったのが、もうずいぶん昔の二〇〇〇年代初めだった。当時はまだ一般公開されておらず、わずかな特別公開日を丹念に調べて出かけなければならなかった。

ごく普通の住宅街を通り抜けて非日常の建物へ、というちょっと奇妙な道程を経てたどり着いた先で出迎えてくれたのは、名前に違わぬかわいい真っ白なお城だった。屋根には銃眼のギザギザがあり、ケーキのような塔や砂糖菓子のような窓が付いて……と、まさに童話の挿絵そのまま。

以来、城を何度も見にいった。空に綿雲が浮かぶぽかぽか陽気の日だったり、鉛色の空から今にも雨粒が落ちてきそうな曇りの日だったり、背景はいろいろに変わったが、城は一貫してかわいかった。ここは不気味でも奇怪でもない、実にかわいらしいゴシック城なのである。アンドリュー・ラングが採話した昔物語の中の「王子様とお姫様」が住んでいそうな。

しかし、ここに実際に住んだのは王子様とお姫様ではなく、一八世紀の作家ホレス・ウォルポール（一七一七〜一七九七）だった。最初のゴシック小説といわれる『オトラント城奇譚』の作者である。第四代オーフォード伯爵の爵位を持ち、英国初代首相ロバート・ウォルポールの息子であったこの人は、父にならって政治家を志し、国会議員になったものの、実際には文学や美術への関心が勝り、本業よりも書き物、文人たちとの交流、美術品の収集、といったことの方に熱心に身を入れていた。

そんな彼が、一七四九年に都心の本宅とは別のヴィラ（別荘）としてトゥイッケナムに家を買った。彼が買ったのは、平凡な長四角の小さな家だった。この時代、建築的には均整のとれた新古典様式が流行しており、トゥイッケナムのテムズ川べりにも左右対称の白く美しいヴィラが点々と立ち並んでいた。ウォルポールはそんな流行に背を向けて、不規則、不均整、陰うつ感たっぷりかつミステリアスなゴシック城造りを目論んだ。まずは、窓を「ねぎぼうず型」と呼ばれる装飾的な形に変えたり、屋根に銃眼を取り付けたりして、「平凡な長四角の小さな家」をゴシック化した。続けて、家をどんどん増築し、塔や離れを造り、室内にゴシック・インテリアをしつらえ、最終的に中世の城風の建物を完成させた。そして、ストロウベリー・ヒルの名をつけた。増築は一七九〇年代まで続いた。

ウォルポールは王族ではなかったから、ここは王城ではなかったが、築城を構想して実現させた一人の夢想的な作家の居城、夢の具現化作品だったということになるだろう。

『オトラント城奇譚』

「城主」ウォルポールは、一七六四年のある晩ここで奇妙な夢を見た。上階の階段の手すりの上に、武具を着けた巨大な騎士の手が現われたのだ。ウォルポールは、この夢を基に『オトラント城奇譚』を書いた。『オトラント城奇譚』は、古城や迷路や月光や騎士や乙女が出てくる怪奇譚である。舞台設定が恐怖をあおるばかりか、超常現象まで起こる。こうした話はそれまで書かれたことがなく、『オトラント城奇譚』は最初のゴシック小説といわれている。

ストロウベリー・ヒルの中には、中世の甲冑や騎士の絵や「何かが起こりそうな階段の間」といったゴシックな道具立てが豊富に揃っていた。こういう環境がウォルポールに夢を見せたのだろう。ウォルポールはゴシック城を造り、ゴシック城は彼の小説のインスピレーション源になったのだ。

ゴシックは、元々中世の建築様式を表現する言葉だった。尖って高い要素の多い荘厳なスタイルが特徴で、ゴシック建築の代表例としてドイツのケルン大聖堂やフランスのノートルダム大聖堂が挙げられる。ウォルポールがなぜこの様式に惹かれ、それを文学に応用するに至ったかについては、若い頃グランド・ツアー（上流階級の子弟が教育の仕上げとして出かけたヨーロッパ大陸旅行）で、イタリアのゴシック建築を多数目にして強烈な印象を受けたこと、一八世紀理性の時代への反発から理性で割り切れない超自然なものに畏怖の念を抱くようになったことなどが理由として考えられている。また、彼は幼少の頃から中世という時代とその時代の十字軍に憧れを持っていたともいわれている。

ウォルポールが『オトラント城奇譚』で口火を切ったのに続き、ウィリアム・ベックフォードが『ヴァテック』を書き、メアリー・シェリーが『フランケンシュタイン』を書き、恐怖と怪奇のゴシック小説は爆発的にヨーロッパ中に広まっていく。また、ウォルポールのストロウベリー・ヒルは建築史の中で、一九世紀のゴシック・リバイバルの先駆けと位置づけられるようになった。

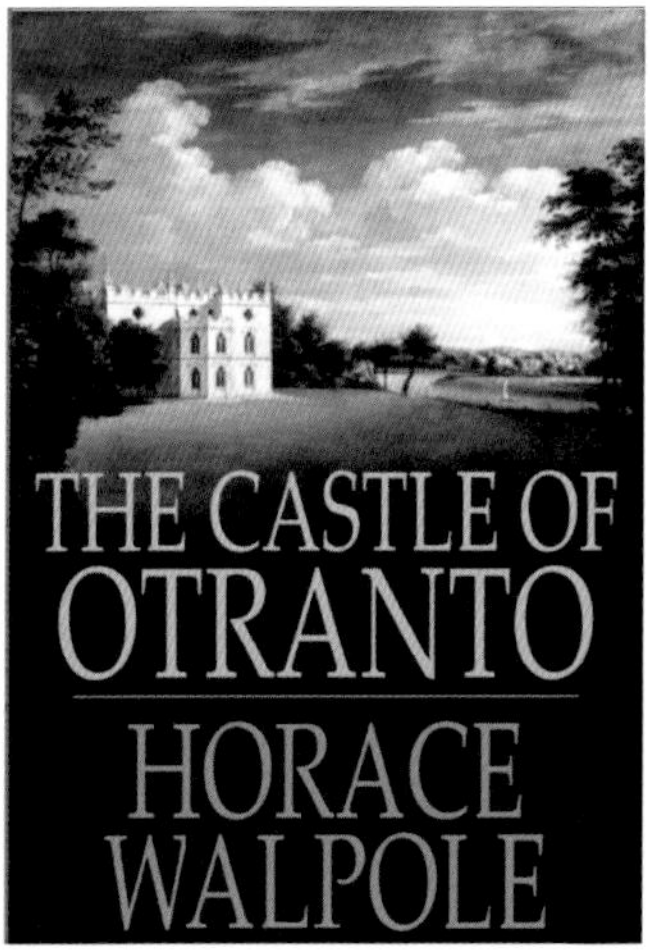

ウォルポール著『オトラント城奇譚』

邸内案内

ここで、邸内の部屋のいくつかへご案内しよう。

・階段の間　The Hall（一一二ページ）

ウォルポールの夢に出てきた階段と手すりは、昔と変わらず今もこの屋敷にある。家の中のこのあたりに、彼はアレクサンダー・ポープやトマス・グレイの詩の世界にある憂愁を漂わせたいと考えていた。ゴシック模様の欄干は暗灰色、天井からは黒い縁に色ガラスの入った仄暗いランタンが一つ下がって……と怪奇物語のための舞台設定として完璧だ。昔は奥の三つのニッチ（壁のくぼみ部分）に騎士の甲冑が置かれていたというから、ゴシック感もひときわだったことだろう。階段下から上階を見上げる時、ウォルポールの夢の「巨大な騎士の手」は、どの辺にどんなふうに現われたのだろうか、と考えてしまう。一番左のニッチは隠し扉になっていて、その奥にある蔵書室へと通じている。

・蔵書室　The Library（一一二ページ）

革装本が一杯に詰まった書架が部屋の四方を埋め尽くし、その書架の一つ一つに繊細な飾り扉が取り付けられている。この館の装飾は、有名なゴシック大聖堂や歴史的名士の墓のゴシック装飾からデザインを借りたものが多いが、書架扉のゴシック・アーチ飾りは、ロンドン、セント・ポール大聖堂を描いた古い図版から起こしたものだそう。天井には馬上の騎士、紋章入りの楯、サラセン人の首など十字軍にまつわるモチーフが描かれている。中世十字軍に憧れたウォルポールにとって、これは夢の天井だったに違いない。

● ホルバイン・チェインバー　The Holbein Chamber（一一二ページ）

蔵書室の隣にある絵画室。ドイツ出身の画家ハンス・ホルバインの肖像画の本物と複製が多数掛けられていたことから、部屋にこの名前がついた。細かな模様の暖炉飾り、間仕切り、天井装飾が美しいが、昔あった絵画は失われて、壁の空白が目立つ。

● トリビューン　The Tribune

トリビューンという名前はフィレンツェ、ウフィツィ宮殿（現代のウフィツィ美術館）の宝物殿から取られており、ウォルポールはメディチ家と張り合うつもりだったのか、ここに自らの収集品の中の極上のものを収納した。中でもメダルやエナメルの細密肖像画を収めたミニチュア・コレクション・キャビネットは有名なアイテムだった。

天井に星形の明かり取りがあり、涼しげなラベンダー色と細い金箔の取り合わせがきれいなこの部屋にウォルポールは「チャペル」の別称をつけ、落ち着いた厳かさを楽しんだ。チャペルといっても、そこに宗教的意味合いはなかったが、二〇世紀に入ってキリスト教系の大学がここの所有者になった時、牧師たちが実際にこの部屋をチャペルとして使用した、という話は興味深い。「ごっこ」が転じて「本物」になってしまったのだ。

● グレート・パーラー　The Great Parlour

入口を入ってすぐの部屋。ダイニング・ルームとして使われていたにもかかわらず、塔内にあった厨房から離れており、料理を運ぶのに一旦外へ出てまた表玄関から入り直さなければならない不便な構造になっていた。ゴシック暖炉とゴシック・チェアーが特徴だったが、チェアーの方は残っていない（今置いてあるのはレプリカ）。壁には肖像画の巨匠ジョシュア・レノルズによる家族の肖像ほか多数の絵画が掛かっていたという。

● ラウンド・ドローイング・ルーム　The Round Drawing Room（一一二ページ）

丸い塔の中にある丸い居間。かつてここにはヴァン・ダイク、サルヴァトール・ローザ、ニコラ・プーサンなどの名画が飾られていた。明るい色のステンドグラスとそれを通して射し込む外光の美しい陰影が印象的だが、実はこの窓は一九世紀の持ち主による新設部分で、ウォルポールの時代にはなかったもの。

● ギャラリー　The Gallery（一一四ページ）

階段の間

蔵書室

ラウンド・ドローイング・ルーム

ホルバイン・チェインバー

邸内で一番大きく一番派手なのがここ、ギャラリー。長いトンネルを抜けて、いきなり明るい光の中に出たかのように、この部屋は目にまぶしい。壁布は真紅のダマスク織り、天井にはファン・ヴォールトと呼ばれる扇形のパターンが続き、それを飾る金箔がピカピカに輝いている。この広間は、ウォルポールが上流階級の友人知人をもてなす社交の場として使われた。ここにも彼の収集品や、一族の肖像画が昔は飾られていた。

ウォルポールは、ゴシック

城なのに派手にし過ぎた、とこの華美なデザインを後悔したそうだが、訪問客の間ではこのギャラリーが一番人気だったという。現代の訪問客がここへ入ってきて次々に上げる歓声を聞いていると、それは今でも変わっていないのではないかと思われる。

代表的な部屋部屋をいくつかご紹介したが、ストロウベリー・ヒルでは計二〇近い部屋が公開されており、他に館の歴史をコンパクトに展示したミュージアムもある。緑に面したテラス席が心地よいレストランや、うっ蒼と茂る高木の中にロココ式貝殻形のベンチが隠れたいささかエキセントリックな庭園も魅力的だ。

ストロウベリー・ヒルは、本物の王城「ハンプトン・コート宮殿」にほど近いテムズ川のほとりにある。現在は住宅が間近まで迫ってきているが、ウォルポールの時代は家の数がはるかに少なく、東側を流れる川への見晴らしもよく、今より格段に大きな緑地帯が周囲に広がっていたようだ。

コレクションはどこに?

ストロウベリー・ヒルの邸内巡りを始めると、すぐに気がつくことがある。それは、内装はすばらしいものの館の中が空っぽだということ。絵画はほとんど掛かっていないし、あったと

ギャラリー

しても後代の人が集めたものか美術館からローンで借りているもの。少しばかり置いてある家具は代用品だし、蔵書室の書物も本当のところはキュレーターが用意したものだ。邸内案内も、収蔵品に関しては「昔はここに～が飾られていた」と過去形で書くしかなかった。

ウォルポールはコレクターとして知られ、屋敷は格調高い美術品や書物、ゴシック家具や風変わりなオブジェであふれんばかりだったという。館のガイドブックにも「屋敷そのものが珍しいものの収蔵庫『キャビネット・オブ・キュリオシティーズ』だった」と書いてある。身分の高い客人たちは、「城」とコレクションの両方を見にここへ来たのだった。なのに、今は何一つ残っていない。膨大なコレクションはどこへ行ってしまったのだろうか。

ありがちな話だが、ストロウベリー・ヒルの後代の持ち主が経済的に行き詰まり、一八四二年に大競売を開いて、館の中身を全部売り払ってしまったのだ。一つ残らず全部！　こうしてウォルポールのコレクションは、世界中に散逸してしまった。個人やあちこちの美術館が少しずついろいろなものを所蔵している状況だが、そんな中、現在世界で一番まとまったウォルポール・コレクションを持っているのが、アメリカのエール大学だ。二〇世紀前半のアメリカに、ウィルマース・ルイスという大富豪のウォルポール・マニアが現われ、この人が財力の限りを尽くしてウォルポール関連品を買い集め、エール大学に遺贈したのだ。そうしたいきさつで、現在、コネチカット州にある大学付属のルイス／ウォルポール図書館で、ストロウベリー・ヒルにあった美術品、骨董品、書籍、書簡集、キュリオシティ・コレクション、家具などがきちんと管理公開されている。これ以上望めない環境ではあるが、それでも館とその中身が海を挟んで離れ離れになってしまったのは、残念なことである。

家具やコレクションが全く残っていない中、ウォルポールの時代のものが約半数残っているというステンドグラスは貴重な見どころだ。ウォルポールは、一八世紀半ばにガラス収集の使者をフランダースに遣わし、使者は一六〜一七世紀に制作されたルネサンス・グラスと呼ばれる美しい絵ガラスを四五〇枚持ち帰った。ガラスには鳥や動物、寓意を含む聖書の情景、当時の風俗など、色とりどりの図柄が描かれている。一一八ページ下の写真は、秋のりんごの収穫風景を描いた「九月」というタイトルの一枚。

ウォルポール・ゴシックへの回帰

ストロウベリー・ヒルは、ウォルポール亡きあと何人もの人手に渡り、さまざまな改装を経てきた。中でも一九世紀に館を受け継いだフランシス・ウォルデグレイヴ夫人は、さらなる増築と改装を重ね、邸内をすっかり明るく女性的な雰囲気に造り替えてしまった。ウォルポールの本来の意図がボヤけてしまうほどに。

その後、館は大学の所有となってキャンパスとして使用されたり、第二次大戦中に爆撃され、損傷を受けたりした。現在も大学が所有者であることは変わっていないが、二〇〇〇年代に入ってすぐの頃、館の主だった部分の本格的一般公開を目指して、管理がトラストに委ねられ、大規模な修復工事が始まった。

修復の主眼は「館をウォルポールの時代に戻せ！」だった。こうして、館の造り主ホレス・ウォルポールの意図を尊重し、後世の改変を排し、当初あったゴシック感を取り戻す作業が全館に渡って行われた。修復はできうる限り当時の建材を使い、時間をかけ丁寧に行われた。ウォルポールは文章と図版でストロウベリー・ヒルの全容を細かく記録していたため、それが大変参考になったそうだ。二〇一〇年、トラストはそれまでの限定公開を終え、ようやく館の本格的な公開にこぎつけた。

そんなわけで、今日私たちが目にするストロウベリー・ヒルは、ウォルデグレイヴ夫人がソフトに変えてしまった部分、ビクトリア時代に行われた史実に基づかない改修部分を取り除き、大学の授業に使われて傷んだ部分を修復し、史料に従いウォルポールのオリジナル・ゴシック・デザインに再び近づけた姿である。

それで邸内外がすっかり陰うつになったかというと、実はそうでもない。一つには、館も部屋もすべてのものの造りが小さく、ペンキの柔らかな色も手伝って、どうしても全体におもち

貝殻形ベンチのある庭園

りんごの収穫を描いたステンドグラス

館をウォルポールの時代に戻す作業の一環で、昔あったと考えられているランタンが復活。やや仄暗さを増した階段の間

や的かわいらしさが出てしまうからだろう。さらには、暖炉や書架に厳《いか》めしげな飾りを付けてゴシック調に仕立ててあるが、その取って付けたような無理矢理感に愛敬があること、本来石や漆喰で作るべきところに安いパピエマッシュを使っていたりと、遊び心が先走って案外仕上げが適当だったりすること。そんなことから、建物は「荘厳」「陰うつ」になりきれず、「かわいいゴシック」といったところに落ち着いている。そもそもウォルポールからして、芝居がかったゴシック感を出したかっただけで、本気で恐怖の館を造ろうとしたわけではないのだ。こんな甘いゴシック感覚が、ストロウベリー・ヒルの何よりの魅力だ。

公開後、館は高い人気を誇り、地元だけでなく国内、海外から人が訪れている。ガーデン・ツアーのようなイベントも盛況、レストランも混み合っている。白い「お城」は、そんな喧騒にお構いなく、今日も住宅街の奥で夢見るようにまどろんでいる。もしかしたら、まどろみの中で、きれいになった自分を舞台にまた誰か小説を書いてくれないものか、などと考えているかもしれない。

3

奇観遺産の
旅先案内

Dungeness

ダンジネス
(ケント)
ロンドンからたった2時間半で行ける「この世の果て」

DUNGENESS

ウェブサイト：https://www.dungeness-nnr.co.uk
ロンドンからの公共交通機関：London St Pancras駅から列車でFolkestone Central駅まで約1時間。Stagecoach社のバスでLydd-on-Sea, The Pilot Innまで約1時間10分。ここから徒歩で南下。(Lydd-on-Sea, The Pilot Innから岬の突端にかけての一帯がダンジネス)。またはFolkestone Centralから同社バスでNew Romney Light Railway stationまで約50分。ここでRomney Hythe & Dymchurch Railwayの蒸気機関車に乗り換え、Dungeness駅まで約30分。蒸気機関車は運行日も時刻も限られているので、事前にご確認を。

海岸の殺風景美

ロンドンから列車とバスを乗り継いで二時間半ほど南東へ下ったケントの海辺の三角形の岬の突端にダンジネスはある。荒涼たる海岸、灯台、自然保護区、漁師小屋、デレク・ジャーマンの家、蒸気機関車、そして原子力発電所、という何とも落ち着かない取り合わせがすんなり収まってしまう奇妙な土地だ。

この土地を奇妙たらしめているのは、何といってもこの殺風景な海岸の存在だ。浜は砂でなく、フリントの小石でできた砂利浜で、大木も大岩も断崖絶壁も何もなく、ただザラザラした平たい土地が海と溶け合って先の見えない彼方まで茫漠と広がっている。わずかに草が生え、朽ちたものや壊れた何かがそこかしこに転がっている。核戦争で破壊された地球で最後に生き残った人間がたたずむ海岸、といったSF映画のワンシーンが撮影できそうな場所。あるいは「地球に落ちて来た男」が最初に着地するのにふさわしそうな土地ともいえる。

ダンジネスについてイギリス人が書いた文章を読んでみると、アウトランディッシュ、アナザー・ワールド、アザー・ワールドリー、と「異世界」を表わす形容詞がやたらと目につく。旅行作家のニック・ハントは、ダンジネス滞在を「自分の国なのに異国に来たみたいだった」と書いている。「異国」を「異星」に置き換えてもいいように思う。

地元の人はこの海岸を「砂漠」と呼ぶ。もちろん、厳密な意味でここは砂漠ではない。雨の多いイギリスのこと、ダンジネスにも等しく雨は降り、特にここが乾燥しているわけではないけれど、そう呼びたくなる気持ちはわかる。不毛な砂利浜にハマナやソレルのようなくすんだ緑の地味な植物が這いつくばって生える様子は、砂漠に匍匐《ほふく》性のサボテンが生える様に似ている。何より、だだっ広く、茶色く、殺伐とした感じが共通している。

砂利に足をとられて歩きにくい海岸には、変なオブジェが点々と散らばっている。錆びついた巻き上げ機ウィンチ、これまたひどく錆びた廃線路、ぼろぼろの枕木、外殻だけになった廃船。コイルや歯車、元が何だったのかわからない機械の部品もある。まるでアーティストが浜辺でくり広げるインスタレーションのようだ。そうでないとしても、人間と潮風と時間のコラボレーション作品には違いない。

海岸べりにまばらに点在する家々も、とても変わった形をしている。イギリスの普通の住宅街では見かけないタイプで、こんな家々もダンジネスに異国感をもたらしている。

まず、どの家も小さい。大抵が平屋である。タールで塗られた真っ黒な家は、昔の漁師小屋だ。屋根が丸くカーブした列車の車輛がところどころに置かれているのも見える。これは昔、鉄道会社が従業員に払い下げした客車で、これを買った人たちは客車を海岸の好きなところに引っぱってきて、住宅に転用して住みついた。このほかにも、沿岸警備隊の「旧見張り塔」、英仏間の配電網の電源が格納されていた「リンク・ハウス」、無線電信を発明したグリエルモ・マルコーニが一九世紀末に通信実験を行っていた「ワイアレス・シェッド」などがある。

英仏海峡に面した沿岸部という土地柄、外敵、とりわけ一九世紀初めにはフランスからのナポレオン軍の襲撃に備える防衛基地の役割を果たしたこと、また周囲に障害物がなく、電気や無線の実験に適していたこともあり、一九世紀から二〇世紀初めにかけて国防施設と実験設備がこの海岸に造られた。こうして、これらインダストリアルな建物が漁師小屋や客車住宅とダンジネスの海岸で並存することになった。

いずれも小さなこれらの建物は、改修されてスーパーモダンなアトリエや別荘に生まれ変わったものがある一方、本来の役目を終えたあと、かえりみられないまま廃屋になり崩れ落ちそうになっているものもある。改修されたものに関しては、行政の指導があるのか、元々歴史に関心のある人がこうした物件を購入するからなのか、元の外観や用途を尊重した保全が行われている。

こんな海岸とは対照的に、少し内陸に入った部分には緑豊かな湿地帯が広がり、世界的に見ても貴重といわれる野生生物が多数生息している。オスの背中のギザギザが特徴のイモリ、グレート・クレステッド・ニュート、葉っぱに似た緑色の羽を持つ蛾、サセックス・エメラルド・モスなどがその例だ。ＲＳＰＢ（英国王立鳥類保護協会）の野鳥保護区もあり、イワツバメ、ハ

植物と砂利に埋もれた廃線路

「浜辺の展覧会」

浜辺はまるで錆びたオブジェの展覧会場。壊れ、風化し、元が何だったのかわからなくなってしまったものも多い

シグロヒタキ、ミコアイサなど多彩な鳥が観察される。

内陸は野生生物の楽園、海岸は変なオブジェと変な家々が散らばる不毛地帯。そんな景観を、この辺で二つしかない高い建物である灯台が見守り、灯台の足元をデ・キリコの絵から抜け出したような蒸気機関車が煙を上げて走り抜ける。そして、そのすべてをやや離れたところから二基の原子力発電所がそこはかとない不穏な空気でもって包み込む。ダンジネスとはそんなところである。

詩の刻まれた家――デレク・ジャーマン監督のプロスペクト・コテッジ

こんな独特の空気感に惹かれたのだろうか。一九八七年、映画監督のデレク・ジャーマン（一九四二～一九九四）が、海沿いの真っ黒な漁師小屋の一つに引っ越してきた。ジャーマンはその前年に、当時まだ抑制法の確立していなかったＨＩＶ感染の宣告を受けており、残された時間を最大限創造的に生き切る場としてこの地を選んだのだった。『セバスチャン』『カラヴァッジオ』『ラスト・オブ・イングランド』といった終末観をたたえた作品で、自らのホモセクシュアリティを反映させ、特異な歴史観を表現してきたジャーマン監督の晩年の作品には、ここダンジネスで撮影されたものも少なくない。

「海岸の変な家」

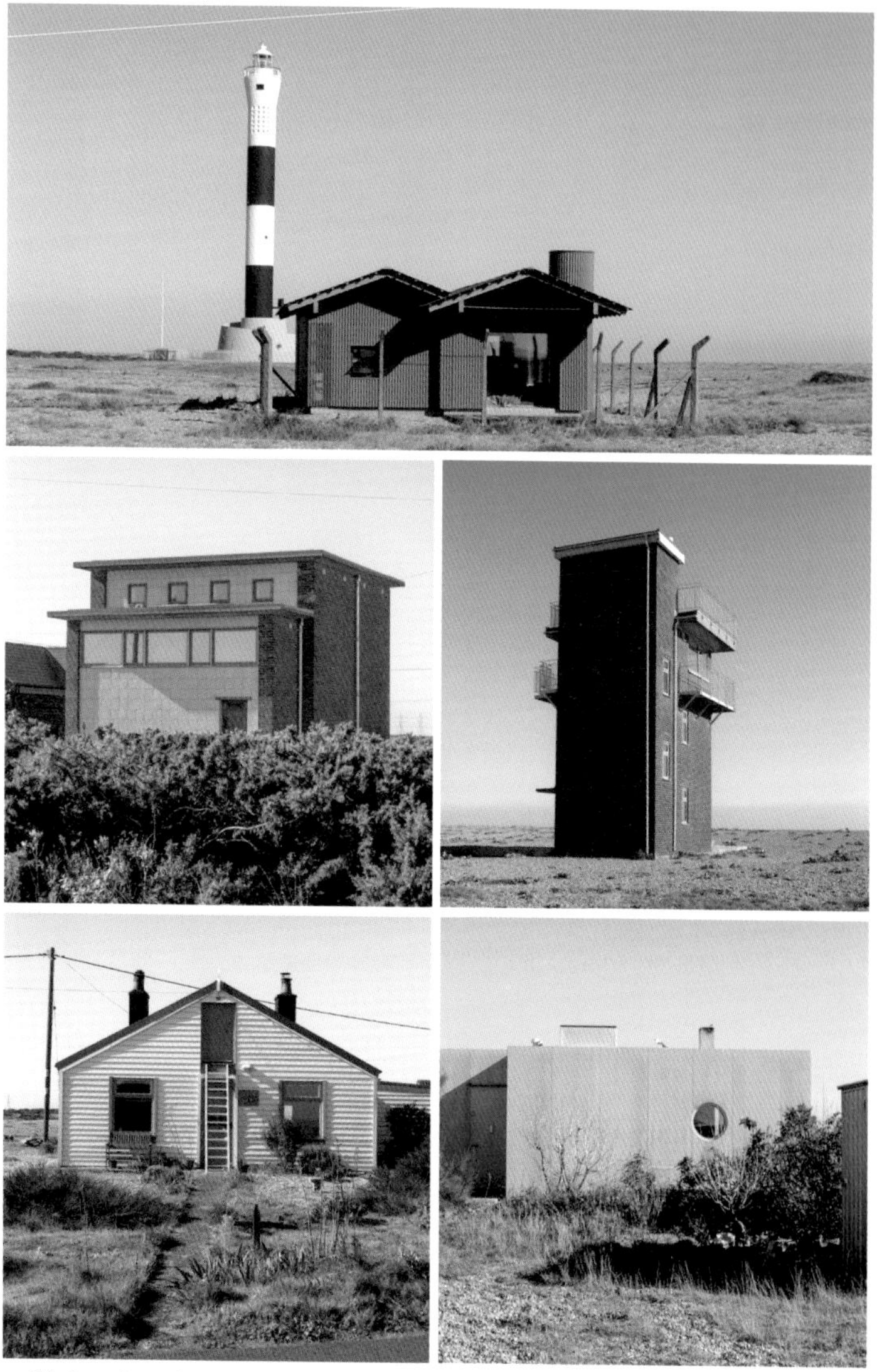

いずれもモダンに生まれ変わった、上／マルコーニの旧実験場、中左／旧リンク・ハウス、中右／旧見張り塔。下左／周囲に黒い家が多い中、非常に目立つウェス・アンダーソン的ピンクの家。下右／コンテナ型スーパーモダン・ハウス

彼は自分の家に「プロスペクト・コテッジ（希望の家）」という名をつけた。そして、黒い家の窓枠を黄色にペイントし、横壁にエリザベス一世朝の詩人ジョン・ダンの詩「ザ・ライジング・サン」を彫り込んだ。

幼少時よりガーデニングに熱心に取り組んできた彼はまた、普通の植物が生えにくい土地に海辺ならではの庭を造り上げた。植えたのは、浜に生えているのと同じハマナ、エリンジウム、ヴァイパーズ・ビューグロス、ポピーなど。花の周りを岸辺で見つけた流木や漂着物、鉄の廃材などで飾った。小型のストーン・サークルや小さな石庭のようなものもある。ダンジネスでの庭造りの様子は『Derek Jarman's Garden』という本にまとめられ、本は彼の映画作品同様の注目を集めた。

ダンジネスの海岸の家々には塀がない。さらに、ロンドンのような都会では考えられないことだが、隣家との境界も曖昧なのだそうだ。もっとも家はぽつりぽつりとしか立っていないので、境界線問題は起こりそうもないが。平たく開けたこの土地は、視界をさえぎるものがなく、海とひとつながりになっている。ジャーマンは「僕の庭の境界は水平線」と言ったそうだ。

デレク・ジャーマンが一九九四年に亡くなると、家は彼のパートナーであったキース・コリンズに譲られ、コリンズがコテッジと庭とジャーマンのレガシーを二〇年以上にわたり管理してきたが、そのコリンズも二〇一八年に亡くなった。

プロスペクト・コテッジは売りに出され、私有化された場合、家、庭、インテリア、ジャーマンのアートや映画関連の資料類すべてが私物化されたり散逸する恐れがあった。このことに危機感を募らせた映画界と美術界は、素早く動いた。アート系のチャリティ団体「アート・ファンド」を主体にして、ジャーマンの映画の多くに出演し、彼のミューズ、ソウルメイトでもあった女優ティルダ・スウィントンやアーティストのタシタ・ディーン、アカデミー賞受賞歴のあるコスチューム・デザイナーのサンディ・パウエル、ジャーマンの庭を丹念に撮影記録した写真家ハワード・スーリーらが先頭に立ち、プロスペクト・コテッジ購入のための資金集めキャンペーンを大々的に展開したのだ。その結果、世界四〇ヵ国以上の八〇〇〇を上回る個人・団体・基金から寄付が寄せられ、短期間で目標額の三五〇万ポンドを達成。二〇二〇年三月、コテッジは無事公共のものとして確保されることになった（三五〇万ポンドは当時のレートで約四億八〇〇〇万円。この金額には家の購入費用だけでなく、改修費、その後のプログラム展開に必要な資金が含まれる）。

多くの人が胸をなでおろしたこのアート界の大ニュースは、デレク・ジャーマンが映画監督として、アーティストとして、また性的少数者の権利拡張を求めた活動家として、世界の中でどれだけ大きな存在だったかを再認識させる機会ともなった。

コテッジは、整備してジャーマン在住時の状態に戻した上で、映画制作者、アーティスト、

デレク・ジャーマンの家。横壁に詩が刻まれている。周囲に同じような黒い家があるが、黄色い窓枠と「プロスペクト・コテッジ」の表札が目印

造園家、作家などのためのレジデンシー・プログラムに使われることになる。また、予約制ガイド・ツアーでの内部公開も予定されている。

デレク・ジャーマンは、ティルダ・スウィントンとダンジネスで映画撮影をしていた時に、この家を見つけ、一目で気に入って購入に至ったという(スウィントンがコテッジの公共化に尽力したのももっともである)。彼は、この荒涼とした風景の中に普通とは違う美を見出したのだろうか。地味な浜の草に華やかさとは違う風雅を見たのだろうか。全体抑えた色合いで、晴れていてもセピアがかった空と海、夕方になるとそれが深いブルーに変わっていく。海岸のそんな色調が気に入ったのだろうか。昔見たジャーマン作品の中の空、海、

ダンジネスの新旧2つの灯台のうち、こちらは「旧」。「新」は現役だが、旧灯台は今は使われておらず、博物館になっている。後ろに2基の原子力発電所が迫る。発電所は両方とも稼働を終え廃炉が決まっているが、完全に撤去されるまでにはまだ何十年もかかる

火の場面が想起され、目の前のダンジネスの浜辺の景色と重なり、いろいろな思いが湧く。

危ういところで開発を免れて

ジャーマンがダンジネスに引っ越してきて、独創的な家と庭を造り上げたことが知られるようになった八〇~九〇年代、それに刺激されたアーティストたちが次々とここへ移り住んでくるようになった。アーティストばかりでなく、古い小屋を改築してゲストハウスとして貸し出す業者も現われ、このあたりが乱開発されるのではないかという懸念が高まった。

実はダンジネスは、一九世紀終わりに一度開発されかかったことがある。鉄道会社がロンドンとここを鉄道でつなぎ、港を開発してフランスとの間に航路を開こうと目論んだのだ。この計画はなぜか立ち消え、ダンジネスが開発されることはなかった。海岸のこの人を寄せつけない無愛想ぶりでは、無理もない。今もロンドンとの間に直通列車はない。この時、開発されなくてよかったかもしれない。ここがポーツマスのようなにぎやかな港町になったら、異世界文化財が消滅するところだった。

さて、懸念された現在の乱開発がどうなったかというと、元々広大な私有地であったダンジネスという土地を二〇一五年にEDFエナジーが買い取ることにより、開発の手が入りにくくなった。ＥＤＦエナジーというのは、ここにある二つの原子力発電所のうち一つを所有するエネルギー会社である。原発の会社により開発の手から護られるというのも皮肉な話だが、とにかくこれが一つの防護壁になっている。もう一つ、ＲＳＰＢとＮＮＲ（ナショナル・ネイチャー・リザーヴ）の自然保護区に登録することにより、自然破壊ができないようになっている。このようにダンジネスは、開発から二重に保護されている。

こんな背景があって、今日もダンジネスの海岸は殺風景なまま。浜辺の謎のオブジェも家々も、その風変わりな様を保っている。開発されなくとも、いや、開発されなかったからこそ、ありのままの寂莫たる風景が人の心を摑み、ここは「意外な観光地」として近年静かに人気を高めている。

Denge Sound Mirrors

デンジ・サウンド・ミラー
（ケント）

空を見上げて聞き耳を立てる巨大構築物

DENGE SOUND MIRRORS

住所：In RSPB Dungeness Nature Reserve, Dungeness Road, Romney Marsh, Kent TN29 9PN
ウェブサイト：公開日は、次のサイトで確認できる。https://www.rspb.org.uk/reserves-and-events/reserves-a-z/dungeness/lade-pits-and-the-denge-sound-mirrors/
ロンドンからの公共交通機関：London St Pancras 駅から Folkestone Central 駅まで列車で約1時間。Stagecoach 社のバスで約1時間の Greatstone-on -Sea, Romney Sands で下車し、内陸へ向かう。ダンジネスから行く場合は歩くか、旧灯台近くにある Romney Hythe & Dymchurch Railway の Dungeness 駅で蒸気機関車に乗り、Romney Sands 駅下車。蒸気機関車は運行日も時刻も限られているので、事前にご確認を。

ダンジネスの近くのゴツイ物体

ダンジネスの海岸から頑張れば歩いていけるデンジという場所に、これまたおかしな巨大構築物があるので、こちらもご紹介しておこう。岬から四キロばかり北上し、やや内陸に入ったところにあるグレートストーン湖に浮かぶ小さな島に立つ三つのゴツイ物体だ。さすがダンジネスと地続きの土地ならでは、と思わせる異世界風の形状をしている。二つが丸くて、一つが長方形。いずれも内側にカーブしている。イースター島の巨人像にはちょっと、いや、かなり及ばないが、こちらも孤独な様子をして水辺で空を仰いでいる。

耳をすませば

この物体がこんなところで何をしているのかというと、空を見上げて聞き耳を立てているのだ。これらは、戦時中に開発されたサウンド・ミラーと呼ばれる集音器群。ヨーロッ

空とコンクリートと雑草と。デンジもダンジネスと同じく風景が荒涼としている

パからの敵機襲来の音を人間の耳より早く聞き取り、迎撃に備える早期警戒システムであり、レーダーの前身といえるものだ。イギリスでは一九二〇年代から三〇年代にかけて、南岸部、東岸部に多数建造された。デンジ以外では、ウェスト・ハイセ、アボッツ・クリフ、ヨークシャーのキルンシーなどにあるが、壊れてしまったものも多く、一番よい保存状態で残っているのが、ここデンジの三基なのだそうだ。

ここの集音器群は、このエリアの名からデンジ・サウンド・ミラー、またはグレートストーン・サウンド・ミラーと呼ばれる。サウンド・ミラーの丸型のものは凹面鏡の形をしており（現代でいえばパラボラ・アンテナの形）、ミラーは、凹面鏡の「鏡」から来ているものと思われる。この名称のほかにアコースティック・ミラー、リスニング・イヤーの呼び名もある。

いつでも歩けるダンジネスの海岸と違い、デンジ・サウンド・ミラーを見学できるのは、この土地を管轄するＲＳＰＢ（英国王立鳥類保護協会）が設定する年間数日の公開日に限られている。ただし、ふだんの日でも、間近までは接近できないものの東の陸側から遠目に見ることは可能だ。

公開日には、通常閉鎖されている島へ通じる橋が開く。橋の手前で入場料を払い、橋を渡ってサウンド・ミラーの敷地に入る。ここがダンジネスの続きの土地であることは、歩けばわかる。一面があの海岸と同じ砂利敷きで、ザクザクズブズブと足がはまって、前に進むのに骨が折れる。

サウンド・ミラーはまず大小の丸いのが二つ、そして長方形のものが見えてくる。近くで見ると威圧されるほど巨大で、シンプルな形が意外に美しい。特に美しく造ることを意識せずとも、自然に機能美が生まれてしまう科学機器・科学施設に通じる美、とでもいおうか。周囲に咲く素朴な野の花との組み合わせも絵になっている。

仕組みと機能

真ん中の直径二〇フィート（約六メートル）の丸型が一番古く、一九二八年製。向かって右の丸型が直径三〇フィート（約九メートル）で、一九三〇年製。長方形が長さ二〇〇フィート（約六一メートル）、高さ二六フィート（約八メートル）で、これも一九三〇年製。全てコンクリート製で、サイズが大きくなるほど精度が高まる。

丸型、長方形共に、凹面で飛行機の音を拾い、中心に据え付けられたマイクにその音が集約され、それが近くの詰め所に控えたオペレーターに伝えられる。オペレーターはマイクにつなげたステソスコープなるものを通して音を聞き取り、警告を発した。ステソスコープは当時最新鋭だった機器で、聴診器状のイヤフォンを指す。大きい方の丸型ミラーには、金属製のマイ

左／直径30フィート丸型の表側、右／その裏側。公開日以外、敷地は閉鎖されているが、グラフィティ・アーティストはしっかり侵入しているようだ

左／中心にマイクが残っているのが見える30フィート丸型。右／一番古い直径20フィートの丸型。よく見ると上方外縁は多角形になっている

上／長さ200フィート長方形サウンド・ミラーの表側、下／その裏側。セント・ポール大聖堂の「ささやきの回廊」と同じ原理で、端と端で話をすると距離があるにもかかわらず、小声でも聞き取ることができる

クが今もそのまま残っているのが見える。

サウンド・ミラーを考案したのは、ウィリアム・サンソム・タッカーという音響工学の専門家だった。耳で聞こえない遠くの音をいち早く捉えるこの発明品は、敵機が攻撃してくるまでに、英国軍に一五分の余裕を与えることに成功した。

サウンド・ミラーの凋落と復活

しかし、このシステムはすぐに壁にぶち当たってしまう。飛行機の速度が早くなってくると、「一五分の余裕」はどんどん短縮されてしまう。また、近くの海を航行する船の音と飛行機のエンジン音を聞き分けるのが難しかったところへ、宅地造成の音が加わって、ますます聞き分けが困難になった。

さらに、一九三〇年代半ばに、決定的なことが起こる。レーダーが普及し始めたのだ。この簡素な仕掛けではレーダーに太刀打ちできるわけもなく、サウンド・ミラーはあっけなく敵機探知の任務をレーダーに譲り渡すことになった。

ここで、年号をちょっと考えてみていただきたい。第一次世界大戦の終結が一九一八年。次の第二次世界大戦の勃発が一九三九年。サウンド・ミラーはちょうど二つの大戦の間に造られ、試用はされたものの、次の大戦が始まる前に引退してしまっているのだ。第二次大戦中に、レーダーの補佐役としていくらか使われる場面はあったようだが、実際のところは、現場に参加しそこねた装置として終わってしまっている。

軍部はこれを無用の長物とみなして、取り壊し命令を出した。が、これはなぜか実行されず、サウンド・ミラーは生き長らえた。しかし、戦後もう一度危機を迎える。周囲が砂利採取場として利用されたため、地盤が不安定になり、ミラー自体も大きな損傷を受けた。二〇〇三年、イングリッシュ・ヘリテッジが介入して、ミラーの全面修復と島へ渡る橋の取り付け工事を行った。

このような経緯があって、今日我々はこの巨大構築物を見学することができる。サウンド・ミラーは、実戦で使用されることはほとんどなかったものの、ヨーロッパ大陸から敵機が襲来するような危険な時代があったことを思い起こさせる戦争遺産として貴重な存在になっている。また、原始的なコンクリート塊からハイテク・レーダーへの一〇〇年のテクノロジーのめざましい進化を実感させる理系モニュメントとしても価値がある。

公開日に集まってくる人の中には、こうした歴史的側面に関心を寄せる人もいれば、形状のおもしろさに惹かれてくる人もいる。自然保護区の真ん中で、渡り鳥や水鳥、野草に囲まれて水辺にたたずみ、空を仰いで静かに耳をすませるサウンド・ミラーには、実際、不思議に彫刻的な魅力がある。

　ダンジネスと同じで、ここも空からインスピレーションが降ってくるところなのだろう。アーティストのタシタ・ディーンがサウンド・ミラーをテーマに映像作品を制作したほか、デレク・ジャーマン監督の映画作品『ザ・ガーデン』（一九九〇）にもダンジネスの風景描写と並び、サウンド・ミラーが登場する場面がある。

レッド・ヴァレリアン（ベニカノコソウ）などの野草が似合うサウンド・ミラー

Imber Village

インバー村（ウィルトシャー）

ソールズベリー平原のゴースト・ビレッジ

IMBER VILLAGE

住所：Imber, Wiltshire, UK
ウェブサイト：http://www.imberchurch.org.uk （セント・ジャイルズ教会）
付帯施設：教会のカフェ、ショップ（オープン・デーのみ）
ロンドンからの公共交通機関：London Paddington駅またはLondon Waterloo駅から列車でWarminster駅まで約2時間。駅からインバー村までは、数日あるオープン・デーの中でインバーバスの出る日を調べ、これに乗るのが一番行きやすい方法。
※オープン・デーの日程、規則は毎年変わるので、必ず事前に上記のウェブサイトでご確認を。オープン・デー以外の日は、村へは一切入れない。

牧歌的農村の消失

イギリス南部のソールズベリー平原に、インバー村というゴースト・ビレッジがある。村人が去り、突然にしてここが廃村になったのは、一九四三年のこと。第二次世界大戦只中のこの年に、英国陸軍省（のちの国防省）が、同盟国アメリカの兵士のための軍事演習場を作る目的で、この村の接収を決めたためだった。

同年一一月一日、住民たちは学校に集められ、村からの即刻退去を命じられた。立ち退き期限は一二月一七日。しかも、引っ越し費用は出すが、代わりの土地も家も供給の予定なし、という不条理なまでの悪条件で。クリスマスを目前にした寒い冬。たった四七日間のうちに住み慣れた村を出て、援助もないまま各自新しい土地に移り住まなければならなかった村人たちの負担と悲嘆はどれほどのものだっただろうか。失意のあまり、立ち退く前に亡くなってしまった鍛冶屋の話が、今も伝説のように語りつがれている。

実は、ソールズベリー平原は古くから英国軍の広大な軍事演習場として使われており、インバー村は実弾演習の銃撃音響く平原にのどかに広がる陸の孤島、といった特殊な位置にあった。元々平原の多くを所有していた軍は、村を包囲するかのようにその周辺の土地を次々と買収し、ついには村の土地も買い上げ、古くからの住人はいつの間にか軍からの借地人となっていた。

こうした事情から、軍にしてみれば村民を立ち退かせたというより、借地人に出ていってもらったという感覚だったようだ。

だが、住民の側からすれば、とうてい納得できるものではない。人口百数十人のインバー村は、教会、学校、郵便局、雑貨屋、パブが揃い、緑の農地と牧場に囲まれた牧歌的な農村だった。明るく活気あるコミュニティもでき上がっていたという。そこを出ていかなければならなかったのだ。彼らは戦争が終わったら村に戻れるという約束をどうにか取り付け、不承不承村を去っていった。

しかし、この約束は守られることなく、二一世紀の今も村民の帰還は許されないまま。変わらず平原では軍事演習が行われ、村には廃屋が残るだけ。ここで暮らしていた人々は戻れないまま歳をとり、亡くなる人も増え、今では当時のことを知る人も少なくなってしまっている。

英国国防省の譲歩

戦時中のこととはいえ、今ではありえない強硬なやり方で軍による接収が行われたインバー村。当然その後、元住民による返還運動が起こったが、英国国防省は頑としてこれに応じていない。軍にとって、インバーという土地の必要度が高すぎるのがその最大の理由だが、加えて、周辺で実弾演習する真ん中に人が住むのは危険、という判断もあるようだ。

たび重なる返還運動に押され、国防省はほんのわずか譲歩して、年間数日間のみ村の教会で礼拝のできる日を認め、さらにそのうちの何日間かを元住人及び一般人が村に入ることのできるオープン・デーとすることに同意したのだ。村の土地建物は現在すべて国防省に帰属し、英国軍が使用しているが、セント・ジャイルズという教会だけは例外的に独立性を保ち、チャーチズ・コンサベーション・トラストという団体が管理している。そして、礼拝の日やオープン・デーは、軍の協力の下、教会が取り仕切っている。

いつこれが行われるかは、年によって少し違うが大体イースター、夏休み、クリスマスの時期が多い。教会は通常一週間ほどある夏のオープン・デーの中の一日だけ、最寄りの鉄道駅とインバー村の間に見学者を輸送する「インバーバス」を走らせる。インバーバスは、何のことはない二階建てロンドン・バスの払い下げで、ふだんビルの谷間で見慣れた赤いバスが周囲に何もない自然の中を走る様子は何だか妙だが、とにかくこれに乗るのがインバー村へ行くのに一番便利な方法だ。

某年夏、セント・ジャイルズ教会がバスを走らせる日を調べ、インバー村へ潜入してきた。

インバー村潜入記

村の最寄駅であるウォーミンスター駅に着くと、すでに駅前に二階建てのバスがずらりと並んでいた。近年、村はテレビ・ドラマに登場したり、ドキュメンタリー番組で取り上げられたりして、関心が高まっているからか、非常に見学者が多い。

立ち入り禁止区域への侵入者を警戒して駅から村まで軍や警察の車が配備され、そのものものしい様子に、ここが普通の土地でないことを実感する。

村の入口にある注意喚起の標識

バスの窓外は、一面の草原。軍事演習場のため農地は少ないが、ところどころに牧場があり、錆びた戦車を囲む牛の群れといった珍しい風景が見られる。こん

出かけた当日は、空に薄墨を撒いたような曇天。草原の上に錆びた戦車が見える

なところで誰が牧場を営んでいるのだろうか。牛たちに危険はないのか。いろいろ疑問が湧く。ちなみに、オープン・デーは兵士たちの演習が休みの日に実施されるので、見学者に演習による危険が及ぶことはない。

村に着き、バスから降りると、まず「デインジャー」の標識が迎えてくれる。確かに、道からして普通と違う。使用済みの薬莢《やっきょう》とかちぎれた有刺鉄線とか、普通の道では絶対に見ないようなものが落ちている。中には爆発するものが混じっていないとは限らないので、こういうものを拾ってはいけない。バスに乗る前に、インバー村の説明と注意事項を書いた紙が配られるので、それをきちんと読んでおこう。

もう一つ気をつけなければいけないのは、オープン・デーはふだん立ち入れない村に入れる日ではあるが、全面的に立ち入りが許可されているわけではなく、オープン・デーであっても立ち入り禁止区域があるということ。そういう場所には「キープ・アウト」などの標識が出ているので、それも守るように注意したい。軍と警察は、標識があってもそれを突破してしまう侵入者に、ピリピリと神経を尖らせている。そして、教会に対して侵入者が増えるようなら、次の年からオープン・デーを縮小するか中止すると、毎年のように警告を発している。

写真① さっそく、このような物件に遭遇。事件現場かのようにテープが張り巡らされ、ポリス・カーがブロックしている。絶対に中へ入るな！　のメッセージだ。

写真②　しかし、中に入れないところばかりではない。囲いがなく、すぐ近くまで行ける建物もある。ここは「ベル・イン」という名のパブだった。一日の農作業を終えた人々が集い、ビールを酌み交わして陽気に騒いでいたのは昔の話。今ではかつてあった煙突や看板はなくなり、レンガの外殻《がいかく》だけが脱け殻のように立っている。屋根のデイト・ストーン（建物の建築年を示す石）には一七六九と刻まれている。パブのオーナーは、人々が村に帰ってくるのを期待して、何と一九六〇年代まで営業に必要なライセンスを更新し続けていたそうだ。

とてもトリビアルな発見だが、二〇一〇年代に撮影されたこの建物の写真を見ていたら、当時は屋根がボロボロだったのに気づいた。それが今はすっかり新しくなっている。国防省が、建物保全のための補修を行っているのだろうか。

写真③　こちらも元パブで、「ナグズ・ヘッド」という名前だった。村が軍に接収された時にはすでにパブとしての営業を止めており、住宅に転用されていたらしい。

写真④　村一番の立派なお屋敷「インバー・コート」。一七世紀に建てられたマナーハウスで、

①ポリス・カーがブロックしているエリア。この敷地には入れない

②ベル・イン

③ナグズ・ヘッド

④インバー・コート

⑤シーグラム農場

⑥バプティスト教会跡

⑦アーバン・ウォーフェア・
トレーニング施設

何度かの建て替えを経て、この姿になった。廃墟ながら威風堂々としている。昔は、お祭りや行事で皆が集まる村の社交場の役目を果たしていた。子供のパーティーからスポーツ・イベント、国王戴冠の祝賀会まで開かれたそうだ。現在、入口や窓は緑色の板でふさがれ、石塀に取り付けられた門は閉じたまま。オープン・デーでも門の外から眺めるしかない。屋敷の裏側に農場だった土地や納屋があるそうだが、そちらはますますもって見ることができない。

写真⑤　シーグラムという家族が所有していた農場と農家。農場は地元の農民に貸し出されていた。デイト・ストーンには一八八〇年築と記されている。

写真⑥　一九世紀にできたバプティスト教会と墓地と学校があった敷地。ベル・インの近く。強制立ち退き令のあと、教会と学校は取り壊され、わずかな墓石を残してあとは更地になっている。

写真⑦　村の住民が立ち退いてから、軍が既存の住宅の並びを取り壊して建設した建物群。「アーバン・ウォーフェア・トレーニング施設」と呼ばれ、屋内での銃撃戦を含む市街戦を想定した訓練を行う場。それまであった趣ある茅葺き屋根の家々と比べ、四角い箱としかいえない建物は味気ないが、目的を考えれば、デザインは必要なかったのかもしれない。窓が笑っているような感じが、ちょっと不気味だ。

村の憂愁

インバー村の主だった建物をご紹介したが、全体を見渡すと、現在ここは、かろうじて残っている立ち退き以前の建物、建物が倒壊するか取り壊されてそのままになっている空き地（そんな空き地は大体草に覆われている）、軍があとから建てた建物、という三つで成り立っている。内部のものは、すべて軍が撤去したため、人の生活跡のようなものは残っていない。

ここで、キプロス島のファマグスタを訪れた時のことを思い出した。地中海の島キプロスの東部の町ファマグスタは、一九七四年にトルコ軍が北から攻め入り、ギリシャ系住民が命からがら逃げ出したまま手つかずになっているゴースト・タウンだ。この町では建物がそのまま放置されてきたため、中に昔のものが残っている。たとえば、床屋の店先に（今見るととても古くさい）七〇年代の髪型のお兄さんのポスターが貼ってあったり、というふうに。これと比べ、インバーの方は、一切の生活感が取り除かれ、家々の中には空っぽの暗闇があるだけだ。

訪ねた日は、典型的なイギリス天気である暗く重たい雲がたれこめた曇天。廃屋の黒い窓はどれも気味悪く、それに戦時中の住人の無念の思いが重なって見え、憂愁のようなものが村から伝わってきた。第二次世界大戦で日英は敵国どうしだったわけだが、どちらの国にもいろいろな形での犠牲があったのだと改めて考えさせられた。

最後は、教会へ向かおう。

村の南側の小高い丘の上にある中世から続く石造りの建物が、セント・ジャイルズ教会。無人の廃村にあって、軍から独立して機能しているのは、唯一ここだけだ。軍と渡り合う窓口となり、年間たった数日間ではあるが、礼拝を行っている。礼拝には立ち退いた村民とその縁者、地元の人々、またここで訓練中の兵士も訪れるそうだ。

村のどこからでも尖塔が見えるこの教会は、昔と変わらず今も人々の心の支えになっているに違いない。オープン・デーには教会の中にカフェが設置される。そこで飲む熱い紅茶が、廃村を見たあとの複雑な気持ちを鎮めてくれる。

セント・ジャイルズ教会。オープン・デーには大勢の人が語らい、紅茶を飲み、インバーの歴史書を買ったりするために教会へ立ち寄る

戦時中、兵士や武器の輸送に使われた「バトル・バス」と呼ばれる乗り合いバスもどこからか駆けつけた

住所：Longleat, Warminster, Wiltshire BA12 7NW UK

近隣の観光名所

Longleat

ロングリート
（ウィルトシャー）
迷路の多いカントリー・ハウス

ロングリートは一六世紀から続く貴族の屋敷。いささか複雑な心境に陥るインバー村を訪ねたあとは、こんな華やかな場所に立ち寄ってみるのもいいかもしれない。

邸内ツアー、庭園、迷路、子供の遊び場、さらにはサファリ・パークと、ここはアトラクションが盛りだくさん。何もかもが広く、全部を回ろうと思ったら、一日あっても足りないくらいだ。

屋敷はエリザベス一世時代の名建築、代々収集された絵画、写本、家具、タペストリーなどは、イギリスにおけるプライベート・コレクションの最高峰と目され、一八世紀の有名庭師で風景式庭園の発案者であるケイパビリティ・ブラウンの手がけた庭は、イギリスの造園術の深みを今に伝える。

ロングリートはあらゆる意味で、数ある貴族のカントリー・ハウスの中で飛び抜けた存在だ。

ここはイギリスで初めて商業的に内部の公開を始めた屋敷であり、またサファリ・パークもアフリカ以外ではここが初といわれており、住人の一族は進取の気性に富んだ人たちであることがうかがえる。

二〇世紀半ばには、迷路好きの主人が庭に長大な迷路「ヘッジ・メイズ」を導入。これはさっそくロングリートの名物となった。一万六〇〇〇本のイチイの木を刈り込んで作ったこの迷路は、最近「世界最長」の座を失ったものの、「イギリス最長」の座は保っている。

これは、複雑な通路の中で人を迷子にさせる生垣迷路という種類だが、ここには他にも小型の「サン・メイズ（太陽の迷路）」「ルナー・ラビリンス（月の迷宮）」「ラブ・ラビリンス（愛の迷宮）」があり、こちらは丈の短い低木や芝生で迷宮的図柄を描き、形状を眺めて楽しむ芝生迷路というタイプだ。こうした迷路は、建物の高いところから見下ろして鑑賞するのがよい。

もう一つ、子供の遊び場には、鏡を使った室内迷路「ミラー・メイズ」があり、こちらもなかなか抜け出せない。

宝物殿のような屋敷で眼福を得、サファリでライオンと対峙し、イチイの木の迷路で迷子になる。いろいろなお楽しみの待っているロングリートである。

屋敷とガーデン。丸く剪定された木々は、上から見ると太陽の迷路、月の迷宮になっている

Blaenavon Ironworks

ブレナヴォン製鉄所跡

(南ウェールズ)

産業革命と文学の交差路

BLAENAVON IRONWORKS

住所:North St, Blaenavon, Wales NP4 9RN UK
電話番号:+44 (0)3000 252239
ウェブサイト:https://cadw.gov.wales/visit/places-to-visit/blaenavon-ironworks
付帯施設:ショップ
ロンドンからの公共交通機関:London Paddington駅から列車でNewport (South Wales)駅まで約1時間40分。そこからStagecoach社のX24バスでBlaenavon Ironworksまで約1時間。

アーサー・マッケンに導かれて

溶鉱炉の本物を見たことがある人、というのはどれほどいるものだろうか。製鉄会社にお勤めの方、工場見学をしたことのある人、くらいだろうか。近代的溶鉱炉でなく、原始的な初期の溶鉱炉となると、ますますもって見た人の数は少なくなるかもしれない。

私はずっと昔に読んだアーサー・マッケンの本から溶鉱炉の強烈なイメージを植えつけられ、いつかイギリスの昔の溶鉱炉を見てみたいと思っていた。本は『夢の丘』というタイトルで、こんなふうに始まる。

「空にはあたかも大きな溶鉱炉の扉をあけたときのような、すさまじい赤光があった」（アーサー・マッケン『夢の丘』　平井呈一訳　牧神社　一九七五年

製鉄所跡の入口

刊)。鮮やかな出だしである。

真っ赤な溶鉱炉のような夕焼け。真っ赤な夕焼けのような溶鉱炉。この夢のような物語は、詳細は忘れてしまったものの、美しい風景描写に燃える赤が重なるイメージとなって記憶の底にしまわれていた。この物語のために、鉄を溶かし出す設備、溶鉱炉が図らずも自分の中でロマン化されてしまったといってもいい。

ウェールズの山の中に、産業革命時代の溶鉱炉があると聞き、相変わらず物語の詳細は忘れたまま、赤のイメージだけをたずさえて見にいってきた。

訪ねたのは、南ウェールズにある「ブレナヴォン製鉄所跡」。イギリスの産業革命を中心的に担った地の一つで、一八世紀から一九世紀にかけて建設された大規模な製鉄所が非常によい保存状態で残っているということで、ユネスコの世界遺産に登録されている場所だ。

ブレナヴォン製鉄所跡

敷地内には、いくつもの溶鉱炉、鋳造所、鋳物工場、昇降機棟、労働者用の住宅などが並んでいる。すべてが巨大で、一見しただけでは何なのかわからない建物もある。他でちょっと見ない風景である。

中でも一番目立つのが奥に二つ並んだ溶鉱炉。やっと溶鉱炉というものと対面できる、と真っ先にここに駆けつけた。とうの昔に稼動を終えた溶鉱炉だけに、マッケンの小説に出てくる真っ赤に燃える情景は当然なく、反対に黒灰色のレンガに深緑の苔がむし、昼下りの静寂の中で、冷えてくすんだたたずまいをしている。ここが鉄鉱石を溶かすために炎を吐き出していた様子を思い浮かべるには、相当の想像力を要する。

元はレンガ張りの角ばった形をしていたようだが、長年の間にレンガが剝がされたり崩れたりし、今では二基とも丸みを帯びた不思議な形になっている。

横には三角屋根の鋳造所と鋳物工場が隣り合って並ぶ。溶鉱炉で溶かされた鉄は鋳造所の型に流し込まれて鋳塊となり、隣の鋳物工場で鋳塊から鉄道のレール、車輪、建材、工具などの製品が造られた。

こちらもどろどろに溶けた鉄の熱気、内部に充満したはずの暑気はどこにもなく、涼やかな風が表の大きな入口から裏口へと吹き抜けるだけ。かつて人の力が勝っていたこの場所も、今では自然が力を盛り返し、夏草がレンガの壁を隠しそうな勢いで伸びている。カラスと白い鳩の鳴き声がひっきりなしに聞こえ、何とはない詩情すら感じられる。ここで造られたものであろう車輪、機械部品などの鉄製品が工場の床に無造作に置かれている。

敷地内でもう一つ目立つのは、ひときわ背の高いバランス・タワーと呼ばれる構造物。これ

敷地の奥に2つ並んだ溶鉱炉。左が第4溶鉱炉、右が第5溶鉱炉と呼ばれ、それぞれ1801年、1807年築。稼働中は、内部の温度が1500度に達したという

左が1830年代築の鋳物工場、右が1780年代築の鋳造所（鋳物工場ができたのと同じ頃に改装）。製鉄所は徐々に拡大したので、敷地内には異なる年代の建物が混在する

昇降機を収容したバランス・タワー。昇降機は3トン近い水の重みで積み荷とのバランスをとった。1839年築

18世紀末に建設された労働者用の集合住宅

は鉄の原料、鉄鉱石を地上から溶鉱炉の投入口のある上方の土地へ引き上げた昇降機を収容した建物で、てっぺんの滑車に掛けた鎖の片側に積み荷、もう一方に重りとして水を入れた容器を取り付け、バランスをとって昇降させた。ロウテクな仕掛けながら、産業革命のダイナミズムを感じさせる建物の威容に目を見張る。

そのほかここには、一八世紀後半から一九世紀後半にかけて建造されたあと四基の溶鉱炉、送風エンジンの基底部、労働者用の住宅などがある。コの字型に配列された住宅群は一八世紀末の建物ながらよくメインテナンスされ、今でも人が住めそうな状態に保たれており、室内にはここで製鉄業に従事した人々の暮らしぶりがわかるインテリアが再現されている。

産業革命の原動力

一八世紀後半にイギリスから始まった産業革命は、工業を機械化し、産業構造を変え、社会を大きく変革した。産業革命を推進する原動力となったのは、燃料としての石炭と製品としての鉄だった。石炭を燃料とする蒸気機関で鉄を原料に工場が機械化され、機械化された工場で、さらに鉄を原料として建材、船、レール、列車が造られ、街の発展、交通網の発達につながり、文明が加速度的に近代化していった。

その石炭と鉄の原料となる鉄鉱石の豊富な埋蔵量を誇ったのが、ここ南ウェールズだった。その上この土地は、鉄の溶解時に不純物を取り除くのに使われる石灰石の産出量も多かった。そうした理由で、南ウェールズの自然豊かな高地では、産業革命が起こる前の一六世紀から溶鉱炉が建てられ製鉄が行われており、産業革命後には、これが爆発的に拡大していった。

ブレナヴォンの土地に資本家たちが目をつけたのは一七八〇年代のこと。彼らはまず二～三の溶鉱炉を建造し、一七八七年に火を入れ、製鉄所を創業した。以後、規模を徐々に拡大し、一八六〇年代には今見られる施設をすべて造り上げ、古くなった施設の建て替えも行った。敷地内の拡充だけでなく、周辺に炭坑や採石場を開発し、製品を市場へ輸送したり海外へ輸出するための鉄道網、運河や港の整備も行った。

一八世紀末から一九世紀にかけて、ブレナヴォンとその周辺の製鉄所を含む南ウェールズ一帯の鉄生産は最盛期を迎え、生産量世界一を記録。また、一九世紀末から二〇世紀初めにかけて世界の石炭輸出量の三分の一をここが担った。産業革命期に「世界の工場」と呼ばれたイギリスを力強く支えていたエリアの一つが、ここ南ウェールズだったのだ。

しかし、この栄光は人々の苛酷な重労働の上に成り立っていた。ブレナヴォン製鉄所でも、往時には今の静けさからは考えられない喧騒の世界が展開していた。溶鉱炉の火は燃え盛り、下側の送風管から空気が送り込まれ、煙突からは煙が吹き出す。炎熱、飛び散る火玉、煤煙、

工場の床に、ここで生産されたと思しき鉄製品が無造作に置かれ、スチームパンクな世界ができ上がっている

現代の来場者のために作られた案内板。素材は鉄だが、切り絵細工のような繊細なデザイン。それぞれが当時ここで過酷な仕事に従事した労働者の様子を描写している

爆音、ハンマー音、機械音。製鉄は事故の多い危険な仕事だった。溶鉱炉は一旦火を入れたら消すことができないため、仕事は二四時間体制となる。人々は一二時間シフトで休日もなく働き続けた。製鉄だけでなく、採鉱、石切り、コークス作り、すべてハードな仕事ばかり。女性も、年端のいかない子供たちまでもが、真っ黒になって一日中働きつめた。

国中から集まってきた労働者で、人口が増え、ブレナヴォンでは製鉄所周辺に町が形成された。学校、教会、店々、労働者の集会場、そしてイギリスらしくパブもあるコミュニティができ上がった。しかし、学校はあっても、子供を通わせずに働かせる親が多く、暮らしは厳しかったようだ。

南ウェールズの製鉄業の終焉

このような無理な体制は長続きせず、一八三〇年代頃から労使関係が悪化。製鉄所は低迷と復活を繰り返すが、ついにブレナヴォン・アイアン・カンパニーは経営不振に陥り、一九〇二年、溶鉱炉の火が消され、製鉄所は修理工場に転身してしまう。

その後、戦争景気で一時的に製鉄業が復活するも、やがてイギリス全体の重工業が衰退し、天然資源も枯渇し始め、二〇世紀半ばまでに、南ウェールズ一帯の製鉄業は終焉を迎えた。

石炭産業は続いていたが、時代は変わり、燃料が石炭やコークスから石油へとシフトし、一九八〇年にはブレナヴォン製鉄所近くの炭坑「ビッグ・ピット」が閉山した。ここは三年後の一九八三年に、炭坑の歴史を伝える「ビッグ・ピット国立石炭博物館」として生まれ変わった。ここでは、実際に炭坑で働いていた人のガイドで、地下の坑道まで降りてみる体験ができる。

南ウェールズの各製鉄所は、閉鎖後、荒れるにまかされていたが、一九七〇年代にこうした重要な産業遺産を保存しようという気運が高まり、中でも多くの設備が原形をとどめていたブレナヴォン製鉄所の保全修復作業が進んだ。

二〇〇〇年には、製鉄所を中心に周囲の町や自然を含めた一帯が「ブレナヴォン産業景観」として、ユネスコの世界遺産に登録された。これを機に、地域の栄光の歴史をふり返る「ワールド・ヘリテッジ・センター」が設立された。

ユネスコは、この世界遺産を次のように評価している。

「ブレナヴォン周辺は、一九世紀南ウェールズの鉄と石炭の世界的主要生産地としての重要性を証明する場所。炭坑、鉱坑、採石場、初期の鉄道網、溶鉱炉、労働者の住宅街、そのコミュニティのための諸施設と、あらゆる要素を今日も見ることができる。（略）残存する一八世紀後半及び一九世紀の溶鉱炉は、この時代のものとしては、イギリスで最も保存状態がよい。（略）ここは石炭と鉄の生産を通して、工業化に伴う社会・経済・技術の変化をつぶさに学べる世界でも最重要の土地の一つである」(ユネスコ世界遺産公式サイトのBlaenavon Industrial Landscapeページから。著者訳)

ウェールズとマッケン

他に見学者が二組ほどしかいない午後。喧騒の時代を想像しながらの、実は静かなブレナヴォン製鉄所跡巡りだった。

溶鉱炉を見にいったきっかけがアーサー・マッケンの小説だったので、ウェールズからロンドンに戻って、本を何十年かぶりで読み直してみた。一人の文学青年の魂の旅といった話で、現代ではあまり流行らないテーマかもしれない。しかし、そこに出てくる自然は記憶にあったとおり、大変に美しかった。一人の人間を一生支配してしまう

中庭にある模型。全部の建物が出揃った1863年当時の製鉄所を示している

手前が鋳物工場と鋳造所、建物に隠れて見えないが奥に第4、第5溶鉱炉、中央にバランス・タワーが並ぶ。今は倒壊してしまったが、工場、鋳造所の裏にも溶鉱炉があった

のが理解できるほどの美しさだった。

再読により、おぼろげな記憶しかなかった物語と作者について、いろいろなことがはっきりした。他に怪奇小説などを書いたこの作家がウェールズの人であることを自分が全然知らなかったことに、ここで初めて気がついた。イギリスにいくつかある古い溶鉱炉の中から初めて見にいったのがたまたまウェールズのものだったが、それは偶然にもすごくよい選択だったわけだ。

そして、時代的な事柄についても、そうだったのか……とすべてが腑に落ちた。一八六三年に生まれ、一九四七年に亡くなったマッケンは、イギリスの産業革命後期から次の時代への移行期を生きた人であり、彼の住んだカーリオンはブレナヴォンからそう遠くない町なので、彼がブレナヴォンまたは他の南ウェールズの溶鉱炉を目にした可能性は大いにある。仮に実際に目にしなかったとしても、産業革命期の赤く燃える溶鉱炉のイメージが、作品に何度も登場させてしまいたくなるほどのインパクトを作家に与えたのは間違いないだろう。産業革命は、彼だけでなく多くの作家、芸術家に影響を与えている。

溶鉱炉は、冒頭以外にもこんなふうに出てくる。

「真赤なギンギラした光が増し、柵のそばの池に血のような斑点があらわれ、雲はすさまじい溶鉱炉の扉があいたように、いちめんに火の点と炎の斑点に染められた」（アーサー・マッケン、前掲書）

「古いローマ人砦《とりで》も炎々たる火炎に包まれた。天上から降る炎は砦の防塁《ぼうるい》にぶつかり、その上には黒煙のかたまりのような一団のどす黒い雲がかかり、痩せひょろけてねじくれたオークの並木が一本一本、飛び散った溶鉱炉の火玉に、ぬば玉のような黒さをくっきりと見せていた」（同書）

本に出てくる印象的な自然描写は、もちろん彼の故郷ウェールズの自然である。カーリオンは古代ローマ遺跡の多いところで、本に出てくる「ローマ人砦」も「円形劇場」も実在する。次はウェールズでアーサー・マッケンゆかりの地巡りもいいかもしれないと思った。ウェールズはイングランド、スコットランド、北アイルランドと並ぶイギリスの構成地域の一つで、イギリス全土と共通の文化と独自の文化を併せ持つ。そんなウェールズの自然の中の太古の人造物。マッケン抜きでも、ちょっと惹かれるテーマである。

住所：Castle Street, Cardiff CF10 3RB Wales UK

近隣の観光名所

Cardiff Castle

カーディフ城

（ウェールズ、カーディフ）

物語あふれるきらびやかな城

ウェールズで最も有名な観光名所、カーディフ城。古代ローマ人の砦として始まり、中世ノルマン人が城を築き、ビクトリア時代に大規模な増改築、とこのような三段階の発達を遂げてきた。今見られる姿は一九世紀後半の城主、第三代ビュート侯爵が建築家ウィリアム・バージェスと組み、二〇年がかりの大プロジェクトを完遂させた結果だ。

二人は中世世界への憧憬という共通の嗜好を持ち、中世趣味を基盤に、聖書、童話、アラビア、鉱物、占星術といったテーマで城中を装飾。城は物語あふれる場所となった。空白の全くない濃密なデザインは、華麗とも過剰ともいわれるが、見るたびに新しい物語を発見する楽しみがあるのは確かである。

4

心なごむおかしな
旅先案内

Trebah Garden

トリーバ・ガーデン
（コーンウォール）

寒いイギリスで探し当てた亜熱帯植物園

TREBAH GARDEN

住所：Mawnan Smith, Near Falmouth, Cornwall TR11 5JZ UK
電話番号：+44 (0)1326 252200
ウェブサイト：https://www.trebahgarden.co.uk
付帯施設：カフェ、ビーチ・カフェ（冬期閉店）、ショップ
ロンドンからの公共交通機関：London Paddington駅から列車でFalmouth Town駅まで約5時間。firstbus社のバスでFalmouth The Moor（鉄道駅から少し離れている）からTrebah Gardenまで20〜30分。

「イギリスの熱帯」という違和感

寒いイギリスであえて熱帯植物園を探してみると、これが案外たくさんあって驚かされる。北はスコットランドから南はイングランド南端のドーセット、そして西のコーンウォールあたりまで、温室ではない野外の熱帯／亜熱帯植物園が点々と散っている。冬寒く、夏でも気温が二〇度まで上がらない日の多い涼しすぎるイギリスの屋外で、南米、アフリカ、東南アジア原産の植物が立派に育つことが、単純に意外だった。人々が熱帯に憧れ、自然に逆らってまで寒い自国にエキゾチックな植物を持ち込み、努力して造園した結果なのだろう。

たくさんある中から代表的な場所を選ぶと、ドーセットのアボツベリー・サブトロピカル・ガーデンズ、コーンウォールのトリーバ・ガーデン（Trebahと書いてトリーバと読む）、シリー諸島トレスコ島のトレスコ・アビー・ガーデンあたりになろうか。いずれも規模の大きいこれらの植物園は、気候の温暖なイングランド南岸・南西岸部にある。

ここでは、ミナック・シアター（五八ページ）やイーデン・プロジェクト（七二ページ）を訪ねがてら行けるトリーバ・ガーデンをご紹介しよう。整形式庭園でも風景式庭園でもない、アンリ・ルソーが描きそうな濃い熱帯庭園をイギリスで目にして感じるのは、「何とも素敵な違和感」である。

南国パラダイス

トリーバ・ガーデンは、コーンウォール、ファルマス近くにある亜熱帯植物園。二六エーカーに及ぶ起伏に富んだ庭園で、散策路の終わりはプライベート・ビーチになっている。訪問する前にウェブサイトの記述を読んでいたら、アジサイ渓谷とかツツジ渓谷とか、渓谷という言葉がたくさん出てくるのに気がついた。一つのガーデンの中に、そんなにたくさん渓谷があるとはどんな風景なのか、イメージがつかめぬままに出かけ、実際に目にしてみると、そこには本当に深い深い渓谷がいくつもあり、庭園という枠に収まらない雄大で奥行きのある景色が広がっていた。渓谷ばかりか、自然の湧き水が段差のある土地で川となって流れ、小滝をなし、大池となって溜まっている。人の手が入る前、ここは森林渓谷で、その地形を生かした造園がされていると聞くと、なるほどと納得がいく。

ここでは、何よりまず南国体験を楽しみたい。川に沿った「ウォーター・ガーデン」、「鯉の池」、南米チリの植物を集めた「チリの小谷」、また「スタンペリー」と呼ばれるあたりに、とりわけ濃密な熱帯が展開している。そこに繁茂するのは、シュロの木とシダ類。シダ類は、地表を這うグラウンド・ファーン、ニュージーランドを象徴する植物で葉裏の銀色が美しいシルバー・ファーンから人の背丈より高い木生シダ、トゥリー・ファーンまで種類が豊富だ。シュロの中には一五メートル近くにまで達する巨木がある。これは有名なプラント・ハンター、ロバート・フォーチュンが一九世紀半ばにイギリスへ送った種で、*Trachycarpus fortunei* と、その学名にフォーチュンの名が冠されている。

水辺ではミズバショウ、プリムラ、ジンジャー・リリーが花を咲かせ、ジャングルに色を添える。「チリの小谷」では、モンキー・パズル・トゥリーが変わった形の枝を上向きに伸ばし、ランタン・トゥリーからは本当に火が灯っているかのような真っ赤なランタン型の花が垂れ下がる。

緑濃い熱帯空間。シダの茂みにルソーの描いたトラが隠れていそうな、シュロの幹の間から先史時代の恐竜がぬっと顔をのぞかせそうな、そんな気配がある。

園の中央にある「ガネラの小道」は、初春から夏が見頃。ガネラはジャイアント・ルバーブとも呼ばれる南米産ガネラ科の植物で、葉が大きいので、密生すると上空で一斉に傘が開いたようになるのがおもしろい。晴れた日に透ける緑の傘の下の小道を歩くのは、最高に美しい植物観察体験の一つになるだろう。

英語で「コイ・プール」となっている鯉の池。和風かと思いきや、濃い熱帯のたたずまい

上空に葉が広がるガネラの小道

大きな花が密にかたまって咲き、こんもりした絨毯ができるアジサイ渓谷

花々の渓谷

「アジサイ渓谷」では、春から秋までダイナミックな色の饗宴が見られる。頭花の大きなピンクとライト・ブルーのアジサイが密にかたまって咲き、こんもりした絨毯《じゅうたん》になって二エーカーの谷を埋める。両方の色が混じったブルー・ピンクの微妙な色合いの花もある。

「ツツジ渓谷」からマラード池にかけて、年頭から初夏まで、樹高が高く、花も非常に大ぶりなツツジが咲き誇る。白から無数のピンクのグラデーションを経て真っ赤に至る色の変化が目にもあざやか。力強い生命力を感じさせるツツジの多くが約一五〇年も前に植えられたものというから驚く。

このほかオリエンタルな一角、「バンブーズル」と呼ばれる竹林も見逃せない。稈《かん》が四角い珍しい四方竹を含む五〇種近くもの竹が一堂に集合しているのが見られる。

北側の入口から入園して、散策路の尽きる南側は、海。トリーバ・ガーデンのプライベート・ビーチに行き当たる。ビーチ・カフェで売っている地元製アイスクリームは、酪農が盛んなコーンウォールならではの絶品なので、ぜひ味わってみることをおすすめする。

秋にはモミジが紅葉し、冬にもユキワリソウほか早咲きのツバキやマグノリアが花をつけ始め……と、ここには一年中何らかの見どころがある。ただし、「寒いイギリスの熱帯」のおもしろ味を最大限味わうには、やはり春か夏の晴れた日を選びたい。

トリーバ・ガーデン造園史

この土地に最初に人の手が入ったのは、一九世紀前半のことだった。一八三八年、フォックス家の人々がここを買い、イギリスの庭では見かけることのなかった珍しい植物を使って大規模な造園を行ったのだ。

その後所有者は代わったが、いずれも地元コーンウォールの名家旧家で、それぞれが庭を発展させることが自分たちの責務と感じているかのように情熱を持って景観を整え、世界各国から珍しい花木を大量に取り寄せて植え込み、庭を輝かせた。

しかし、庭の発展は一旦ストップする。一九三〇年代末から第二次世界大戦を挟んで一九八〇年代まで、しっかり維持管理する人がいなくなり、庭はすっかり荒れてしまう。かつての所有者たちが丹精込めて造った庭は見る影もなくなり、四〇年以上も放っておかれた挙句、文字通り（悪い意味の）ジャングルになってしまったのだ。

隠居しそこなったご隠居さん

そんな土地を買い、一九八一年にここへ引っ越してきたのが、元軍人のトニー・ヒバート少佐と妻のエイラだった。その年六四歳だったヒバート氏は、家と庭をのんびりと隠居生活を送る場として購入した。「仕事も悩みも責任もなく」「テラスでジンを飲む」生活をするために。

ところが、間もなく荒れ放題の廃園の下にかつての名園が埋もれていることが発覚する。地元の庭園協会の要請もあり、二人はとりあえず隠居生活を三年先延ばしし、庭を整備することに同意した。

実はこのヒバート氏、軍を退役してからも、傾きかけていた実家の酒造業を立て直したり、地元への奉仕活動に身を入れたり、どこへ行っても積極的にリーダーシップを発揮してしまう人。七〇年代にも一度隠居しようとデヴォンに引っ込んだものの、奉仕活動に精を出しすぎて隠居しそこなった過去を持っている。

そんな人物であるだけに、かつての名園を取り戻し、それ以上のものに仕上げようと、火がついたように熱心に造園作業に取り組んだ。

やがてその庭を一般の人と共有したいと考えた彼は、一九八七年、庭の一般公開に踏み切る。そして、庭が末長い将来まで安定的に公共のものであることを願い、一九九〇年にトラストを設立し、家と庭の管理を託した。以後も長らく造園作業を続け、ようやく本物の隠居生活に入った時には、当初の予定の八一年から二四年もの年月が経っていた。

トリーバ・ガーデンはみごとに甦り、ご本人もこの時期を「人生で最も幸せな二四年間だった」と述懐している。

ビクトリア時代の「世界の驚異」への関心と展示意欲

イギリスではビクトリア女王が一八三七年に即位し、大英帝国としての繁栄期であるビクトリア朝が一九〇一年まで続いた。トリーバでの造園は女王即位の翌年から始まっており、この庭の基礎ができる時期は、ビクトリア時代とほぼ全面的に重なる。ビクトリア時代は、大航海時代以来の「異国の珍しいもの収集」熱がさめやらぬまま、集められたもの（ものばかりでなく時には生きた動植物）が科学的に整理分類されて、博物館、動物園、水族館、植物園での展示へと向かっていた時代だった。

イギリスでは、国内最古の公共博物館アシュモリアン（二〇三ページ）が一七世紀、続いて最大規模の大英博物館が一八世紀にすでに設立されていたが、一九世紀半ばにはその大英博物館が現在の建物を新設して本格稼働、他にも一八五七年にビクトリア＆アルバート・ミュージアム（当初の名称はサウス・ケンジントン・ミュージアム）、一八八一年に自然史博物館、と重要な博物館が続々オープンした。

動物園に関しては、一八二八年にロンドン動物園が創設されている（イギリスには中世からロンドン塔内に、各国の王室から贈られた動物を飼育した動物園の前身があったが、近代の動物園としてはロンドン動物園が最初となる）。一八五三年には、同園内に、イギリス初の公共水族館が誕生。

「異国の珍しいものの展示」は、19世紀ヨーロッパ文化の一大潮流だった

続けて一八七一年にロンドン近郊のクリスタル・パレス、翌年はブライトンに。以後、海辺の街を中心に水族館が増えていく（古い水族館の多くが閉業するか近代的に建て直された中、ブライトンのものだけはビクトリアン建築の中にとどまっており、古めかしい建物と最新式水槽がおもしろい対照をなしている）。

植物園はイギリス、ヨーロッパには古くからあったが、一九世紀はキュー・ガーデンに温室ができるなど、熱帯／亜熱帯部門が充実した時代だった。

一九世紀ビクトリア時代の「世界の驚異」への関心と展示意欲はかくのごとく圧倒的な勢いを見せ、ここでできた基礎は現代イギリスの展示文化の基盤になっている。

ヨーロッパ大陸でも、おおよそ同じ動きが同時進行していた。トリーバもこうした潮流とシンクロして始まり、歴代の所有者たちの珍しい植物への希求と展示意欲が募りに募ってでき上がった亜熱帯植物園ということができるだろう。

さて、ルソーに戻ると、彼がジャングルの絵を描いたのが一九世紀末から二〇世紀初めにかけて。トリーバの造園第一段階目が完成に向かっていた時期で、こちらも時代が重なる。一度も熱帯地方へ旅することなく、パリの動物園や植物園でエキゾチックな動植物を見て頭の中でジャングルを構成したフランスの画家、ルソー。熱帯を夢見て、寒いイギリスでそれを再構築してみたトリーバの所有者たち。どちらの作品も、ヨーロッパ人の熱帯への憧れと空想力の賜物である点が共通している。トリーバの庭にルソーのトラがいそうな気がするのは、こんなところに理由があるのかもしれない。

そのトリーバ・ガーデンから、どうぞ図鑑を作ってくださいと、園の花の画像がたくさん送られてきた。協力に感謝しつつ「トリーバ・ガーデン花図鑑」を最後にお届けして、この項を終わることにしよう。

Aloe polyphylla

トリーバ・ガーデン
花図鑑

※花の名前は園の表記に準拠しています。

Aloe striatula

Correa backhouseana

Fascicularia bicolor

Mahonia x media

Magnolia campbellii

Magnolia doltsopa 'Silver Cloud'

Magnolia 'Genie'

Rhododendron arboreum 'Blood Red'

Rhododendron arboreum var. *roseum*

Rhododendron augustinii

住所：Marazion, Cornwall TR17 0HS UK

近隣の観光名所

St Michael's Mount

セント・マイケルズ・マウント

（コーンウォール）

巡礼者も観光客も渡る神々しい島

南西コーンウォールの沖合いに浮かぶセント・マイケルズ・マウントは、頂上に城がそびえる美しい小島。海にぽっかり浮かぶ姿はのどかでもあり、神々しくもある。

ここに初めてできた建物は、キリスト教の大天使セント・マイケルを祀る修道院だった。高位の天使だけに、その修道院は高い土地に造られることが多かったという。のちに修道院は城に建て替えられ、城は今では貴族のセント・オービン家の住居となり、島全体がコーンウォールで一番人気の観光名所となった。初期の修道院は失われてしまったが、城の中には教会があり、昔同様、今もここを聖地として巡礼に訪れる人が少なくない。

島へ渡る方法は、徒歩かボート。

引き潮の時は、海から現われるコーズウェイ（渡り道）を歩いて渡れる。潮の干満はきっちり計算されていて、オンラインで入場チケットを買う時に、どちらで渡るかを指示される。

島では、頂上の城に向かう道が階段状の亜熱帯庭園になっており、アロエやリュウゼツランを見ながら道なりに上っていくと、城に到達する。海風に吹かれて、高みからコーンウォールの絶景を見晴らすのは、至福の時間だ。

城内は、人が住む棟以外の部分が一般公開されている。古くから晩餐会場に使われてきた「チェヴィ・チェイス」という重厚な部屋、ゴシック・リバイバル様式の「青の間」などが見どころだ。城の外壁には、戦時ここが要塞として使われた時の名残の銃砲の列が見られる。

フランスのモン・サン・ミッシェルを見た人は、デジャヴ感を味わうのではないだろうか。二つの島は双子のように似ている。英語・フランス語の違いはあれど同じ名前、どちらもセント・マイケルを祀る修道院として始まった歴史、干潮時に陸から歩いていけ、頂上に城を持つ構造も同じだ。それもそのはず。一二世紀に、イギリスのこの小島に修道院を建てたのは、フランス、モン・サン・ミッシェルの修道会だったのだ。両者は、兄弟修道院といった関係だったが、何度か英仏間に戦争が起こり、つながりが切れた。

この英仏の二地点を地図上で結び、さらにヨーロッパから中東に到るまでのセント・マイケル関連施設を結

階段状の亜熱帯庭園の上に城がそびえ立つ

城が要塞の役割を果たした
時代の名残の砲列

城の内部も見学できる。写真は
ゴシック・リバイバル様式の部
屋「青の間」にあるゴシック・
チェアー

んでいくと、みごとな一直線が浮かび上がる。これが有名な「セント・マイケルのレイライン」だ。

レイラインとは、オックスフォード・リファレンスによると「三つかそれ以上の有史以前のあるいは昔の遺跡を結ぶ架空の直線」。名所旧跡や宗教上の要所が直線上に並んでいるという、アルフレッド・ワトキンスが二〇世紀前半に提唱した説を信じる人も信じない人もいて、セント・マイケルのレイラインを信じない人は、セント・マイケルは重要な天使だけに関連施設が多数あり、直線などいくらでも引けると反論する。

レイラインは、あるやなしや。陸に戻るコーズウェイの上で考えてみたい問題である。

Hitchin Lavender

ヒッチン・ラベンダー農園
(ハートフォードシャー)
フランスへ行かずともイギリスでラベンダーを堪能

HITCHIN LAVENDER

住所:Cadwell Farm, Ickleford, Hitchin, Hertfordshire SG5 3UA UK
電話番号:+44 (0)1462 434343
ウェブサイト:https://www.hitchinlavender.com
付帯施設:ティールーム、ショップ、ミュージアム
ロンドンからの公共交通機関:London St Pancras 駅または London King's Cross 駅から Hitchin 駅まで列車の種類により30〜50分ほど。Hitchin 駅から Hitchin Lavender までタクシーで約6分。

イングリッシュ・ラベンダー

ヨーロッパのラベンダー畑というと、フランス、プロバンス地方の、あのどこまでも続く紫の畝《うね》が思い浮かぶが、意外やイギリスにもすばらしい畑が方々にある。暑さに弱く寒さに強いイングリッシュ・ラベンダー（この名前ながら原産地はフランス）が、ラベンダー全体を代表する種であることを考えると、この植物は、実はイギリスのような寒冷地こそ、その栽培に適していることがわかる。

近年、うれしいことにイギリスでも観光農園として畑を開放するところが増え、ラベンダーの畝散策が気軽にできるようになった。その中からハートフォードシャーにあるヒッチン・ラベンダーに出かけてみた。ロンドンから比較的行きやすく、フォトジェニックな景観で人気の高い農園だ。元はといえば、仕事で疲れがたまって肩が凝り凝りになっていた時にここのウェブサイトで見た「紫の海」に呼ばれてしまったのが発端。先に結論を言ってしまうと、行ってよかった！　ここほどリフレッシュできる場所はない！　だったのである。

見渡す限り深紫の海

ここは、一九世紀ビクトリア時代から一〇〇年以上続く家族経営の農場。元々穀物農場だったが、二〇〇〇年に若い世代の後継者が一部をラベンダー畑に転換して、その部分がヒッチン・ラベンダー農園となった。初めは製品を作るための栽培だったが、写真を見た人たちからぜひ畑を見学させてほしい、との要望が高まり、面積を増やして観光農園となった。園内にはティールームやショップも備えられ、家族連れや「疲れた人々」のためのオアシスのような場所として、毎年入場者数を増やしている。

ここでは畑の散策だけでなく、花の摘《つ》み取りもできる。入口で入場料を払い、摘んだ花を入れる紙袋をもらう。以前はハサミも貸してくれたが、パンデミックが起こって以降、ハサミは各自持参のこと、となった。

畑に出ると、幸運にもさっと日が射してきた。見渡す限り、輝く深紫の海。空の青、雲の白、ラベンダーの紫の単純な三色の世界。あえて加えるならもう一色、ラベンダーの茎と遠くに見える木々の緑。それに、蜜蜂のブンブンいう音。畑を渡る微風。一面に漂う甘すぎない芳香。それがすべて。香りをいっぱいに吸い込みながら、泳ぐように紫の海をかき分けていく。ゆるやかな丘になった畑のずっと上の方まで。思いきり心が開放される瞬間だ。

こんもりとした畝は、上方へ行くほど背が高くなる。やがて花の穂先が腰のあたりにまで達し、ますます海の中を進んでいく感が強まっていく。向こうに母親らしき人に連れられた三人

ラベンダーがこんなに大きいとは。もっと上の方に行くと、高さが子供の背丈ほどにもなる

納屋を改造したティールーム

19世紀の薬種商パークス・アンド・ルウェリンを再現したミニ・ミュージアム

の女の子たちが突然現われたが、小さい彼女たちは上方へ行くと首まで花に埋まり、ひょこひょこと動く帽子しか見えなくなってしまう。

花を摘む時は、丸い畝の真ん中の高いところではなく、サイドから刈ってくださいと言われたので、横からハサミを入れた。こうすれば畝の形が乱れないのだろう。摘みすぎてもいけないので、ちょうど袋に収まる量にしておく。

広さ三〇エーカーのこの農園で栽培されているのは、主としてイングリッシュ・ラベンダーとラバンディンの二種。イングリッシュ・ラベンダーは紫色の細かい花が密集して、ぷくっとふくらんだ花穂を形成する。この種からは、量は少ないものの最高級のエッセンシャル・オイルが採れる。ラバンディンの方はイングリッシュ・ラベンダーとスパイク・ラベンダーの交配種で、薄紫色の先の尖った花穂が特徴。とても丈夫で、大きく育つ。時に巨大になる。

ヒッチン・ラベンダーには、このメインの畑のほかに「ディスプレイ・フィールド」と呼ばれる各種ラベンダーの見本を少しずつ植え込んだ小さな畑がある。「ヒドコート・ピンク」「アシュダウン・フォレスト」といった品種名のラベル付きで約六〇種が展示されており、さながら、コンパクトにまとめられた屋外ラベンダー図鑑といった趣だ。ここを見て回ると、ラベンダーには一般的な紫だけでなく、ブルー、ライラック、ピンク、クリームとさまざまな色があり、花の形も多様であることがわかる。

イギリスでのラベンダーの見頃は六月半ばから八月半ば過ぎにかけて。ただし開花時期は天候に左右されるので、出かける前に農園のウェブサイトで最新の開花状況を調べておくとよい。

ここでは、ラベンダー・シーズンが終わりに差しかかる八月半ばに、今度はひまわり園がオープンする。こちらは九月半ばまで花が続く。初夏にさわやかなラベンダー、盛夏にドラマチックなひまわり、と二度出かけるか、うまくタイミングを見計らって両方を一度に見るか迷うところだ。

農園内には、古い納屋を改造したティールームがある。天井からドライフラワーが下がった、いかにもカントリー風なインテリア。軽食や焼き菓子が各種揃っているが、ここではやはりラベンダー・ケーキを試したい。

香りと薬効

私がヒッチン・ラベンダー農園のことを知ったのは二〇一〇年代に入ってからだが、実はヒッチンという土地では古く一六世紀からラベンダー栽培が行われており、その頃からイギリスで数少ないラベンダーの名産地として名をとどろかせていたそうだ。この植物は香水と薬品両方の用途に使える原料として、当時から需要が高かったのだ。一六世紀後半にイギリスを治めた女王エリザベス一世も、香水と偏頭痛の治療薬の両方にラベンダーを使っていたというエピソードが残っている。

一九世紀になると、ヒッチンに地元産のラベンダーで作った製品・薬品を扱う薬種商パークス・アンド・ルウェリンが店開きし、その品質の高さで、全国に知られるようになった。現代のヒッチン・ラベンダー農園の一角に、そのパークス・アンド・ルウェリンを再現したミニ・ミュージアムがあり、レトロな店先に時代がかった色ガラスの薬瓶やアロマ用品、花摘み用の手押し車などが並ぶ様子を目にすることができる。

ショップに入れば、もちろん現代のラベンダー製品を買うことができる。エッセンシャル・オイルはじめ、ディフューザー、キャンドルからバス用品、スキンケア用品まで、この農園で収穫されたラベンダーを原料にした多様なオリジナル製品が揃っている。

古代ギリシャ・ローマの時代から香りのよさとすぐれた薬効で愛用されてきたラベンダーは、今もアロマセラピーに用いられるオイルの中で一番人気が高い。実際どのような効用があるのか、ヒッチン・ラベンダー製ラベンダー・オイルの「効能」を読んでみると、「自社農園の花から抽出した最高級のエッセンシャル・オイル。天然の鎮静作用を持つ。健康促進とストレス軽減の効果あり。外用のみ」とある。

天然の鎮静作用、ストレス軽減——このリラクセーション効果こそ、ラベンダーの最大の持ち味だ。バスタブにオイルを数滴たらして皮膚と呼吸の両方から取り入れるのが一般的。こんな時、普通のバス・タイムが優雅で贅沢なリラックス・タイムに変わる。

とこのように、今日我々はラベンダーのようなハーブを日常に彩りを添える楽しみのために、あるいはごく軽い治癒効果を求めて使う。しかし、薬といえばハーブしかなかった化学薬品ができる前の世界では、ハーブが医療の最前線であらゆる病気の治療のために使われていた。

　そんな時代、ラベンダーにはどんな薬効があると考えられていたのか、一七世紀イギリ

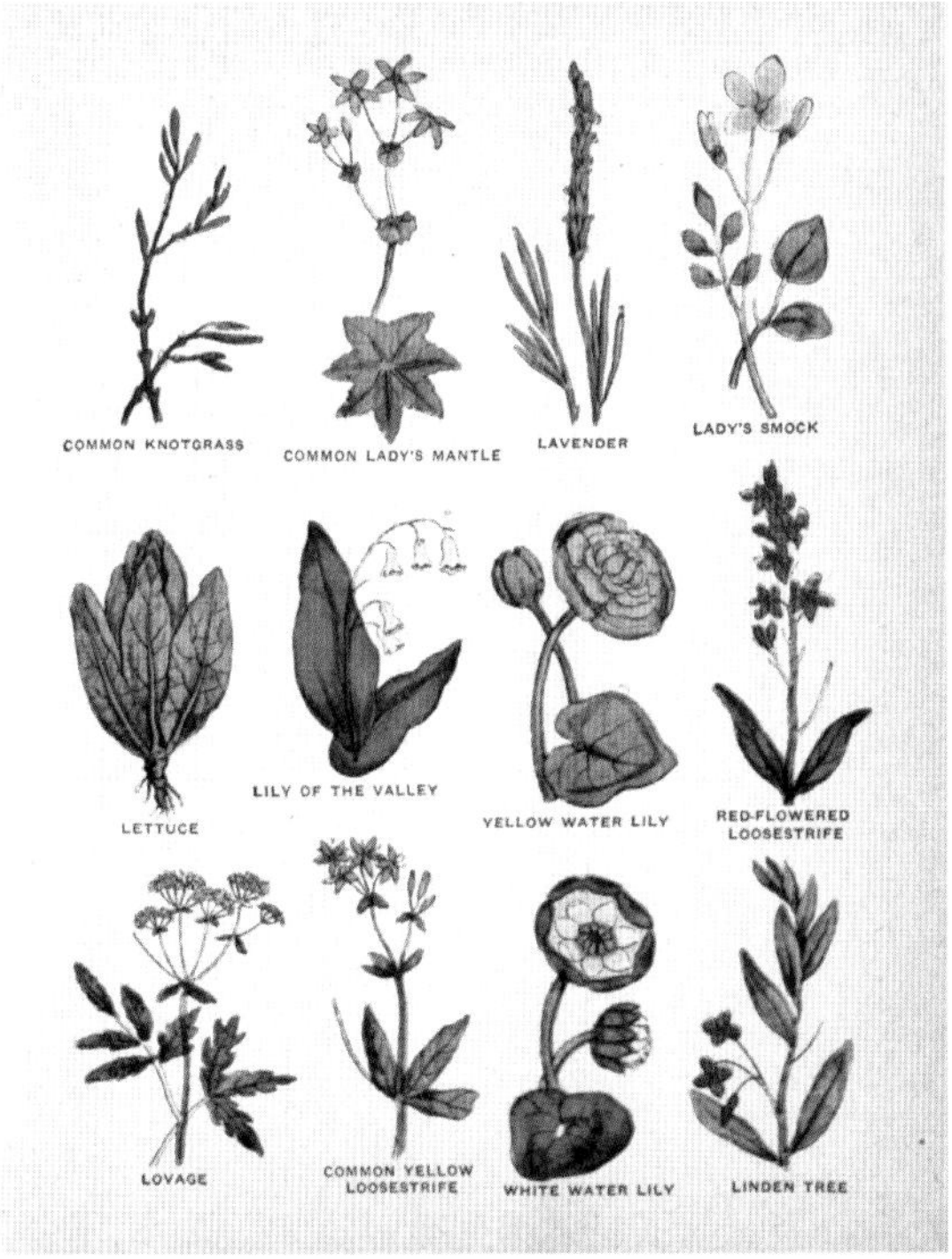

ニコラス・カルペパー『薬草大全』の中のラベンダーを含む図版ページ。カルペパーの時代より大分あとの1814年版。この本は、現代も新刊の刊行が続いている

スの著名な植物学者ニコラス・カルペパー（一六一六〜一六五四）の著した『薬草大全』で調べてみよう。『薬草大全』は、薬草の特徴と薬効が解説された約四〇〇ページもある大事典である。

ニコラス・カルペパーのラベンダー

ラベンダーの項を引くと、次のような記載がある。「不安の緩和」「頭痛、失神、痙攣《けいれん》などに効果あり」「胃を強くする」「肝臓、脾臓のつかえを取る」。また、次のようにも書かれている。「ラベンダーの花、ニガハッカ、フェンネル、アスパラガスの根、少量のシナモンを煎じたものは癲癇《てんかん》や眩暈《めまい》によく効く」「またその煎じ液でうがいをすると歯痛に効く」。さらに「ラベンダーから抽出されたオイルは非常に強いので、ほんの少量使うように」といった注意書きもある。

カルペパーは学者であっただけでなく、ロンドンで薬局を経営し、患者の診療も行っていた。その医療行為の中で、薬草での治療だけでなく占星術も取り入れていたため、アストロロジカル・ボタニスト、占星学的植物学者とも呼ばれていた。科学が未発達だった一七世紀当時、医療、薬草、占星は違和感なく結びついていたのだ。この考え方の中で、カルペパーはラベンダーを「水星に支配された植物」と分類している。水星に支配された植物は、一般的に神経系と肺に作用するといわれている。疲れてザラッとしてしまった神経を鎮めてくれる効果は、ラベンダーの水星の性質から来るものなのだろうか。

いずれにせよ、カルペパーの書いたものは一七世紀当時の学説なので、あくまで「壮大な魔法医術」として読むにとどめた方がよいだろう。ある種の植物に薬効成分があるのは、古代からの知恵として知られ、科学も認めるところであり、カルペパーのなしとげた薬草研究の成果は現代に到るまで大きな影響を及ぼし続けているが、実践に使う場合は医師や資格を持ったハーバリストのアドバイスを仰ぐのが最善だろう。

香りを持ち帰る

カルペパーの『薬草大全』にまでさかのぼり、大分脱線してしまったところでヒッチンに戻ろう。ここのショップは目にも楽しく、ついあれこれ買い込んでしまう。先に紹介した製品以外にも、ラベンダーの苗やラベンダー・ドライ・ジンなどを売っている。

帰ったらオイルを試してみるのも楽しみだが、まず摘み取った花を逆さに吊るしてドライフラワー作り。これであのよい香りを部屋に取り込み、ラベンダーの海の余韻にしばらく浸ることができる。

イギリスにはヒッチン以外にも、メイフィールド・ラベンダー・ファーム、キャッスル・フアームなど観光ラベンダー農園がたくさんある。中にはオイル蒸留所の見学ができるところなどもある。

晴れの日の一日、紫の海でぜひ遊泳を！

摘み取った花は紙袋に入れて持ち帰る

New Forest National Park

ニュー・フォレスト国立公園

(ハンプシャー/ウィルトシャー/ドーセット)

ポニーとブルーベルと密輸団の森

NEW FOREST NATIONAL PARK

観光局ウェブサイト:https://www.thenewforest.co.uk
ロンドンからの公共交通機関:London Waterloo駅から列車でBrockenhurst駅まで約1時間半。駅がすでにニュー・フォレスト国立公園の中にある。車でない場合の移動は徒歩、タクシー、貸自転車などになるので、上記ウェブサイトで事前にホテルや訪ねたい場所への移動方法を調べておくとよい。Lyndhurstにある「ニュー・フォレスト・ヘリテッジ・センター」で観光案内を入手したり、森の歴史についての展示を見ることができる。

人間と動物が共存する暮らし

ニュー・フォレストは、小型の馬ポニーが放し飼いになっていることで知られる森だ。早春、ブルーベルの咲く季節には、青い花の絨毯の向こうをポニーが駆け抜けていく幻想的な風景が見られる。

ポニーが最も有名ではあるが、ここにいるのはポニーだけでなく、ほかにロバ、ウシ、ヒツジ、シカなど多種の動物・家畜が自由に行き交っている。もちろん村人も観光客も行き交っている。ニュー・フォレストの何が変わっているかというと、森で、村で、人間と動物がどこまでも普通に一緒に暮らしていることだ。朝、森の宿の窓を開けると軒先にポニーが遊びにきていたり、人も歩く林道でポニーとウシが頭を載せ合って日向ぼっこをしていたり、パブに向かって歩いているとロバの親子がついてきたり、村の雑貨屋の入口をヒツジたちがふさいでいたり……それがここの日常だ。

牧場ともサファリ・パークとも違う、人間と動物が共存する暮らし。これがニュー・フォレスト独特のライフスタイルだ。

ニュー・フォレストはイギリス南岸部、サウスハンプトン港近くに位置する広大な森林地帯。古代からの姿をほぼそのままに留めた「エインシャント・ウッド」と呼ばれる稀少な森で、その大半が国立公園に指定されている。カシ、ブナ、ニレ、セコイアなどの高木がそびえる原生林と、木のないヒースの原野が交互に立ち現われ、その合間にのどかな小村が点在する。うっ蒼と繁る樹林から南側の英国海峡を望む海岸へと雄大な景色の開けるこの地はイギリス屈指の景勝地であり、近年高級リゾートとして人気が高まっている。

そんな森をひときわ魅力的なものにしているのがポニーたち。他の動物の数を圧倒する五〇〇〇頭もが放牧され、気ままに、自由に草を食《は》んでいる。ほとんどがニュー・フォレスト・ポニーと呼ばれる種で、主として茶色の小馬だ。

ポニーと人間の間には、他の動物には感じない、独特の距離感がある。同じ空間にいながら別世界に属する感じ、とでもいおうか。ポニーたちは優雅に歩き回っていたかと思うと、一瞬ののちには人間の存在など目に入らないかのように宙を見やり、気まぐれに駆け出してどこかへ消えてしまう。そんな様子に遭遇すると、美しいアニメーションを見ているような、もしくは、馬を題材に描いたイギリスの画家、ジョージ・スタッブスの絵画世界に入り込んだかのような気がしてくる。

時折、ポニーたちが不思議なポーズをとっているのを見かける。二頭が互いに反対方向を向いてくっつき合って立っている姿だ。こんな時ポニーは夢見るような、半分眠ったような表情をして、いつまでもじっとしている。実によくこれを見る。地元の人に聞いてみたら、互いに

いきなりブタが地面でゴロゴロしていたり、

牛がこっちを見ていたり……

馬を題材に描いたイギリスの画家ジョージ・スタッブスの絵のような風景

2頭のポニーが反対を向いて、不思議なポーズを。尻尾で相手の顔のハエを追っているのか？

ハエを払い合っているのだ、という夢のない答えが返ってきた。確かに夏にはハエが多い。そういえば、一頭が尻尾をクルッと回して相手の顔をピシャッとやるのを見た。でも、そのあとはそっと静かにしている。あれはハエ叩きポーズなのか。夢見るポニーに本当のところを聞いてみたいものだ。

古代の森が王室の狩猟場に

ニュー・フォレストにいるポニーは「野生」と表現されることが多いが、実際には飼い主がいるので「準野生」といった方が正しい。ポニーは何千年も前からこの森に棲みついていたといわれている。ポニーの生活に変化が起こったのは一一世紀、征服王ウィリアム一世がやって来た時だった。王は一〇七九年にここを王室の狩猟場と定め、「新しい森」、ニュー・フォレストの名をつけた。

森が王室の御用地になったことで、それまで森を自由に使っていた土地の地主たちの権利が大幅に制限されてしまい、彼らの間に不満が高まった。それを解消すべく、ポニーの飼い主たちに森の共同使用権を認める「コモニング」というニュー・フォレスト特有の制度が作られた。これによって、地主たちは一定の料金を払うのと引き換えに、飼っている動物に森で自由に草を食ませる権利を得たのだ。それと同時に森林管理委員会が結成され、森の自然と動物たちの保護がしっかり行われるようになった。中世にできたこの仕組みは、ほとんど形を変えないまま、今に引き継がれているという。

人間と動植物が一体となって支える生態系

森の生態系を知ると、自然とは何とうまくできているのだろうと感心する。たとえば、ブルーベルがなぜ早春に咲くのかというと、それは森の樹木が新緑の枝葉を伸ばして空を覆ってしまう前に、存分に太陽光を浴びるためなのだそうだ。また、動物が歩いた跡のくぼみに雨が降って水たまりができるとそこはイトトンボの絶好の産卵場になる、といった意図せずしての助け合いもある。森全体を見渡すと、ポニーや他の動物たちが草を食べることによって、地面がきれいに保たれるようになっている。

一方、人間たちも自然の調和に手を貸している。森林管理委員会は、毎年春に動物の健康診断を行い、秋にはブタを森に放ちドングリの実を食べさせる「パンネッジ」という行事を行う。パンネッジとは、ポニーにとって毒になりブタには害のないドングリの実をブタに食べさせ、ブタを満腹にしてポニーを害毒から救う、両者満足のいくドングリの実一掃作戦だ。

左／保護区にいるシカ。右／「ロングダウン・アクティビティ・ファーム」でロバと遊ぶ子供たち

秋には森の地面にキノコがニョキニョキと。毒キノコも多いので触らぬが無難

園芸店「ラベンダー・ガーデンズ」は極彩色の花園

同店のラベンダー・スコーン付き午後のお茶

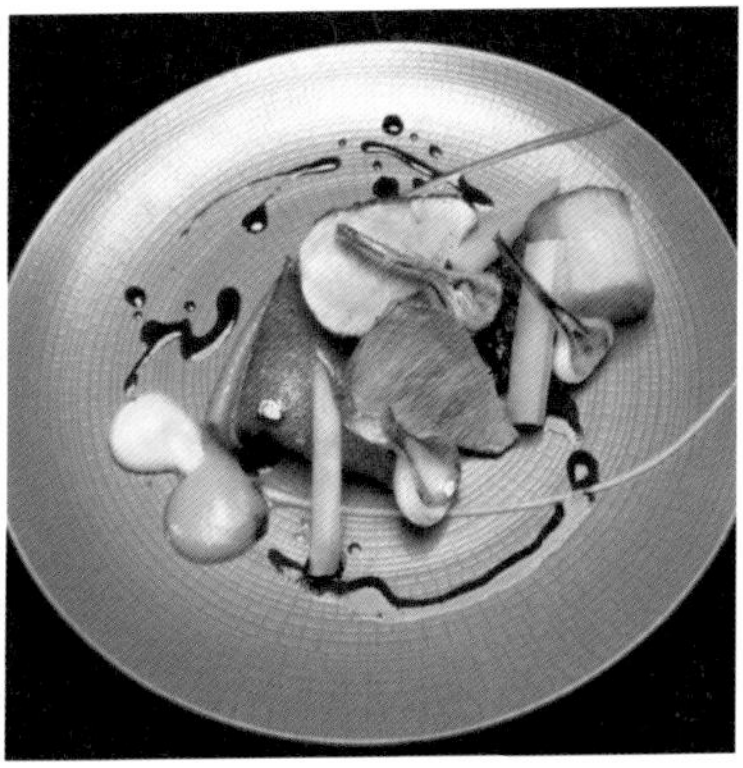

レストラン「ベレスフォーズ」の洗練された一皿

「ビューリー・パレス・ハウス」とその庭園

南側が海に面しているため、ヨット、カヤックなどのマリン・スポーツも盛ん

このように、森の自然は毎年うまく回り、それに人間が古来の叡智で力を貸し、循環がよりスムーズに行くよう手助けしている。ニュー・フォレストでは、人間と動植物が一体になって生態系を支えている。二〇〇五年に国立公園のステータスを得たことにより、開発の手を遠ざけ、古代の森はますます手厚く保護されるようになった。

動物たちとのつき合い方

森で、道で、人によくなついた動物たちが近づいてくると、ついエサをあげたり、なでたりしたくなるが、森には動物たちとつき合う上でのルールがある。森林管理委員会が掲げる注意事項には「動物には近づかない（おとなしく見えても危険を感じると蹴ることがあります）」「エサやり禁止（森に草がたっぷりあります）」とある。林道で車を運転する場合は、動物たちが急に飛び出してくることがあるので、徐行運転を心がけたい。

ポニーもウシもヒツジも、準野生の動物であることを忘れない方がいいようだ。人間の方から不必要に近づかなければ、動物たちも平和的に行動してくれる。

動物との触れ合いを楽しみたい場合は、観光牧場や野生動物の飼育場を訪れることをおすすめする。

森の中の微妙に人工的な場所

そう、この森には観光牧場、野生動物の飼育場、自然保護区、庭園、園芸店といった「微妙に人工的に管理された自然あふれる場所」がところどころにある。森の自然に手をつけたり、動物に触れたりするのはよくないが、何とかもう少し自然に親しみたいという人たちの心を満たすためだろうか。

たとえば「ボルダーウッド・ディア・サンクチュアリ」はシカの保護区で、アカジカやファロージカが悠々と遊ぶ姿が観察できる。「レプタイル・センター」は爬虫類園。「ニュー・フォレスト・ワイルドライフ・パーク」ではバイソン、オオカミ、カワウソなどの野生動物が飼育されており、「ロングダウン・アクティビティ・ファーム」では、子供たちがロバやヒツジと触れ合う姿が見られる。

庭園で圧倒的に美しいのは、ビューリー村にある貴族モンタギュー家の屋敷「ビューリー・パレス・ハウス」を囲む濃いグリーン地帯。深い森と湖の間に、整ったビクトリア時代の菜園や『不思議の国のアリス』をテーマにしたトピアリー（刈り込み樹木）が隠れている。ここと並び称されるのが「エクスベリー・ガーデンズ」。二〇世紀初めにロスチャイルド家の人々によって造成された優雅な庭で、ツツジとシャクナゲのみごとな花壇が有名だ。

森で乗馬を楽しむ人たち

お茶を飲むために入ったカフェのある園芸店「ラベンダー・ガーデンズ」もよかった。紫のラベンダー畑の向こうに大ぶりのダリアやアリウムが咲き誇り、落ち着いた色彩の森に突如現われた極彩色の秘密の花園といった趣。香りのよいラベンダー・スコーン付きの午後のお茶も格別だった。

森のさまざまな楽しみ方

「森を楽しむには、何といってもウォーキングが一番」。地元の人たちは口を揃えてこう言う。自分の足で森を散策し、新鮮な空気を吸い、鳥の声に耳をすまし、思いがけない動物との出会いに驚く。素朴ながら、これこそがニュー・フォレストを楽しむ最高の方法なのだ。加えて、ここではサイクリング、乗馬、ゴルフからマリン・スポーツまで、さまざまなアクティビティを楽しむことができる。

観光名所もいくつか。最も有名なのは、前述した「ビューリー・パレス・ハウス」で、屋敷、庭園とも一般公開されている。屋敷には、稀少なクラシック・カーやスーパーカーを多数所蔵する「ナショナル・モーター・ミュージアム」が併設されており、世界中から人々が見学に訪れる。

歴史的に海からの外敵の侵略を防御する役割を果たしてきたこの土地には、頑丈な石造りの城塞がいくつも残されており、「ハースト城」のように見学が可能なところもある。

農業、牧畜、漁業が盛んで、新鮮な食材に恵まれたここは、最強の「グルメの森」でもある。「ザ・テラス・レストラン」などおいしいレストランが揃っているほか、地ビール、地エールの飲めるパブも多く、ここでしか味わえないデリ製品やお菓子の並ぶフード・マーケットも定期的に開催される。

森のイベントも楽しそうだ。冬にはクリスマス・マーケ

森がとぎれたところにヒースの原野が広がる

ット、夏にはフェアリー・フェスティバル（妖精祭り）と、伝統に根ざした季節の行事が用意されている。

昔のバーリー村の魔女伝説と密輪団の話

こんな魅惑の森である一方、ここにはミステリアスで仄暗い過去もある。最後にニュー・フォレスト南西部のバーリー村に伝わる魔女伝説と密輪団の話に触れておこう。

魔女伝説と聞くと、魔女狩りのあった中世のことかと思うが、バーリー村の魔女伝説はずっと新しい、二〇世紀の話だ。

魔女を自称するシビル・リークがこの村に住んだのは、一九五〇年代のこと。肩にカラスを載せ、黒いマントをひるがえして歩く異様な姿がしばしば村人たちに目撃された。魔術、占星術、オカルトに詳しかったシビルは、そうした分野の本を書き、魔術を実践して暮らしていたが、村人たちから疎ましがられ、六〇年代にアメリカへ移住してしまう。

イギリスにいた頃からシビルはメディアでしばしば取り上げられていたが、アメリカでもテレビに何度も登場して、すっかり有名になった。シビルは、電波媒体で名を上げた現代的魔女だったのだ。一九八二年に亡くなるまでに、六〇冊以上の本を書き残し、今もってアメリカには彼女の魔術の根強い信奉者がいるという。

地元のバーリー村でも魔女伝説は受け継がれ、村の大通りには「ウィッチクラフト（魔術）」「ア・コウヴン・オブ・ウィッチズ（魔女の集会）」といった名前の魔法グッズの店が並んでいる。後者はシビル自身が名前をつけた店だ。

密輸団の話はもう少し古く、一八～一九世紀の昔にさかのぼる。輸入品にかかる関税が非常に高かった時代で、イギリスの海辺のあちこちで税金逃れの密輸団が暗躍していた。

密輸されたのは茶、タバコ、スパイス、ワインなどの嗜好品や絹、レース、ジュエリーといった高級服飾品。主たる輸入元は、フランスを初めとするヨーロッパ諸国だった。密輸団は、船を人目につきにくい埠頭《ふとう》に着け、物品を荷揚げして内陸へ一旦隠し、そこから国内各地へ送り出す手法をとった。入り組んだ入江が多く、森の奥にいくらでも隠し場所のあるニュー・フォレストは、密輸に恰好の土地だった。中でもとりわけバーリー村のあたりは。

この土地の人々は当時安い賃金と重税による貧困にあえいでおり、労働者、教師、医師、牧師とあらゆる階層の人たちが密輸に手を染めていたという。密輸は村人たちが総出で行う「ヤバイけれどもやめられない」ビッグ・ビジネスだったのだ。

税関の役人を近づけないために、屈強の男たちによる武装集団まで結成されたこの辺は当時、ヨソ者は危険で近づけない無法地帯だった。人々がのんびりと散歩したり乗馬したりしている今のニュー・フォレストとは、何という違いだろうか。昔の森に思いを馳せると、明るいカラー映像が、ふっと不穏なモノクロ映像に切り換わっていくような感覚にとらわれる。

船を停泊させた海辺から物品の隠し場所となった酒場や宿屋に向けて、荷物運搬のための地下道が何本も掘られたという噂が、今もまことしやかに囁かれる。入口をふさがれた誰も知らない空洞が、森の下で交差しているというのだ。そんな噂の真偽はわからないが、バーリー村のパブ「クイーンズ・ヘッド」には、かつてここが密輸団の巣窟であり、密輸品の保管庫であった確かな証拠がある。近年の改装工事の際に、秘密の地下室が見つかり、隠されたまま忘れられていた古い密輸品が大量に出てきたのだ。短剣、拳銃、ブランデーにコイン。イタリア製のお洒落な麦わら帽子まであったという。

一九世紀になると、イギリス海軍の強力な沿岸警備艇が配備され、同時に輸入関税が引き下げられたため、一帯にはびこった密輸団の黄金時代は終わりを遂げた（ここで映像はカラーに戻る）。

このように、さまざまな表情を持つ森ニュー・フォレスト。ポニーに会いに、ブルーベルを見に、木の香りを深呼吸しに、グルメ体験をしに、伝説を探しに。どんな目的で出かけても、もしくは何の目的も持たずに出かけても、自分だけの物語を一つは発見できそうな、奥の深い森である。

Blists Hill Victorian Town

ブリスツ・ヒル・ビクトリアン・タウン
(シュロップシャー)
ビクトリア時代へタイム・トラベル

BLISTS HILL VICTORIAN TOWN

住所:Legges Way, Telford, Shropshire TF7 5UD UK
電話番号:+44 (0)1952 433 424
ウェブサイト:https://www.ironbridge.org.uk/visit/blists-hill-victorian-town
付帯施設:カフェ、レストラン、ショップ。展示施設がショップ、パブ、軽食堂を兼ねる部分もあり。
ロンドンからの公共交通機関:London Euston駅から列車でTelford Central駅まで約2時間半。Telford Central駅からArriva社のバスに乗りMadeley Station RoadまたはMadeley Centreで下車、Legges Wayに沿ってVictorian Townまで徒歩15〜20分。

一五〇年ばかりタイム・ワープ

イギリスで一五〇年ばかり後ろ向きにタイム・ワープしたら、行き着くのはきっとこんな場所だろう。レンガの家々も店々も、すべてビクトリア時代そのままの町。往き交う人々も、首まである襞襟のブラウスに地面まで届くふわふわスカートのレディたち、ツイードのジャケットにボウラーハットのジェントルマンと、やけに皆古めかしい格好をしている。

ここは、シュロップシャー、テルフォードにあるブリスツ・ヒル・ビクトリアン・タウン。産業革命後期のビクトリア時代のインダストリアル・タウンをまるごと再現したアトラクションだ。一種のテーマパークでもあり、また世界に強権を誇った大英帝国で商工業に従事した庶民の暮らしを知ることのできる野外ミュージアムでもある。

まず入ってすぐに銀行がある。ビクトリア時代を実体験するために、この町で買物するには銀行で「昔風」のお金に両替してもらうのが原則だったが、パンデミックが発生してからは現金が避けられるようになったため、さすがのビクトリアン・タウンでもクレジット・カードが使えるようになった。そんなわけで今は両替の列がなくなり、銀行はレトロなインテリアを見学するだけの場所となった。

華麗なるビクトリアン・デザイン

銀行のあるハイ・ストリートには自転車店、食料雑貨店、薬局などチャーミングな店が軒を並べている。運河のあるカナル・ストリートの方に折れると、そこには菓子店、金物店、生地・洋装店、郵便局など。少し離れたところに、パン屋、精肉店もある。

気ままに店に立ち寄りながら歩くうちに、ビクトリアン・デザインの華麗さに当てられ、デザインを入口にどんどん時代に引き込まれていくのを感じた。ビクトリア時代は、製品製造技術、印刷技術の向上にともなって、製品を魅力的に見せるための商業意匠が大きく発達した時代だった。ビクトリア女王の統治下、家庭に重きを置く風潮があったことから、自然とデザインは細やかで曲線の多いフェミニンな傾向を持った。

食料雑貨店にある紅茶缶は、優雅な筆致のフォントと花のボーダーで飾られている。ジャムの瓶には、明るい色で果物を描いた美しいラベルが貼られている。菓子店のキャンディーは、どれもが甘いパステルカラー。棚まで甘やかなミント・グリーンで塗られている。

この時代の高度に装飾的なデザインは、デザイン史の中でも際立っており、ビスケット缶や容器類が、アンティーク市場で高額で取り引きされるほどだ。

薬局のキャビネットに並ぶ薬箱も、凝ったフォントに隙間がないほど緻密に彫られた銅版画、

食料雑貨店とその商品。店の外観、商品共に美しいデザインで彩られている

薬局とその店内。どことなく魔女の実験室的雰囲気

というビクトリアン・デザインの好例ばかり。これを見ていると、現代のミニマルな薬箱が味気なく思えてくる。赤や緑の液体の入った大きなガラス瓶は何やら魔女の薬瓶のようで、怪しげな空気を店内に放っている。カウンターの中にはビクトリア時代人に扮《ふん》したスタッフがいて、当時の薬品についての知識を授けてくれる。

生地・洋装店も、フェミニンな品揃え。レース、リボン、ボタンほか、ケイト・グリーナウェイの絵に出てきそうな可憐な子供服などを売っている。

お昼時は、フィッシュ&チップス・ショップからイギリス名物魚とじゃがいもの揚げたてが買えるし、ティータイムには、菓子店でチョコレートやキャンディーを量り売りしてもらうもよし。

他にも参加、実演を楽しめる店が数軒。写真館では、ビクトリアン・ファッションに身を包んで記念撮影をしてもらえる。石膏《せっこう》細工の店では石膏の型取りを実演中、ろうそく店ではろうそく作りの過程がつまびらかに語られる。石膏細工は、当時の家の外装内装に欠かせなかったもの。ろうそくは、二〇世紀初めに電灯が普及するまで家庭で明かりとして使われていたもの。どちらもビクトリア時代をよく体現する日常的アイテムだ。

そして、もちろん町角にはパブ。当然、中でビールが飲める。イギリスには、ビクトリアン・タウンでなくともビクトリア時代から続くパブがたくさんあるので、建物自体にさして特別感はないが、おもしろかったのは中の様子。扉を開けると、昔の服装の人々と普通の格好の来場者が入り混じってなぜか合唱をしており、そこにはここにしかない奇妙なほのぼの感が漂っていた。

敷地内にはこうした店々のほかに、住宅、教会、遊園地、診療所などもある。

産業革命の核心へ

華麗な店の並ぶ通りを過ぎてさらに奥へ進むと、ビクトリアン・タウンは少々違う表情を見せ始める。製鉄所、製材所、工場などが増え、店にしても鍵製造工房、重機械商といった技術系の分野へ移行する。いよいよ産業革命の核心へ迫っているのを感じる。

鋳造所では、銑鉄を再溶解して家庭用品や建材などの製品が造られた。曜日によって、溶けた鉄を型に注ぐ白熱の実演が見られる日がある。製鉄所の中庭には、歯車やハンドルを搭載した大型機械の部品が置かれている。部品であっても大きい。それらは錆びてしまっているが威風堂々としていて、「産業革命の夢の跡」といった風情を今に保っている。重機械商の店は、工場や工事現場で使われる重機械、大型工具を揃えている。子供を連れてきていた父親が、「おっ、ここ俺の仕事場そのまま」とつぶやいた。こういう機械類を使う仕事をされているのだろう。こうした重機械、工具類は、すでにビクトリア時代に完成形に近いものができていて、今

印刷屋の扉と荷を運んだカート。ビクトリアン・レッドと呼ばれるのはくすんだワイン・レッド系だが、こちらのあざやかな赤も当時多用された

ろうそく店内では、ろうそく作りの過程がつまびらかに語られる

左／製鉄所の建物。右／その中庭にある錆びた機械部品

左／鉱坑の入口に設置された巻き揚げ機。右／発明家のトレヴィシックが、コールブルックデイルで19世紀初頭に組み立てた世界初の蒸気機関車のレプリカ

もそれほど違わないものが使われているのだろうか。

さらに奥へ行くと、昔の鉱坑跡、溶鉱炉、レンガ・タイル工場、資材や製品を積んで坂道を昇降した簡易鉄道が見えてくる。いずれもここブリスツ・ヒルに元からあったものだ。溶鉱炉は一八三〇年代から四〇年代にかけて建造された三基が並ぶ。ここの鉱山では石炭、鉄鉱石、粘土が層を成しており、石炭と鉄鉱石は溶鉱炉へ、粘土はレンガ・タイル工場へ運ばれた。

このほか、トレヴィシックが組み立てた世界初の蒸気機関車のレプリカや、復元された当時の貨物輸送船なども展示されている。

産業革命を象徴する橋アイアンブリッジ

イギリスで一番長い川セヴァン川に沿ったブリスツ・ヒルと近隣のコールブルックデイル、コールポート、メイドレーを含むこの峡谷一帯は、鉱物資源、水資源、輸送水路に恵まれ、一八世紀から一九世紀にかけて製鉄業で大いに繁栄した地域。すぐ東にある工業都市バーミンガム、南西にある、本書でも前に詳述した南ウェールズのブレナヴォン（一六〇ページ）などと並ぶ産業革命の中心地の一つだった。

この地域からは水路を通じて製品が海外にも輸出され、世界のインフラと暮らしを変えた一方、コールブルックデイルの大製鉄業主ダービー一族が、一七七九年に世界初の鉄の橋アイアンブリッジをセヴァン川に架け、産業革命を背景にしたイギリスの強力な工業力を世界に誇示した。この橋ができたことで、一帯がアイアンブリッジ峡谷の名で呼ばれるようになり、橋は産業革命を象徴するモニュメントとして今も国内外から大勢の見学者を引き寄せている。

ビクトリアン・タウンは、産業革命を直《じか》に担ったインダストリアルな区画と、そこで造り出された機械で大量生産された製品を美しいパッケージに包んで売るファンシーな店々並ぶストリート、の二エリアに大別できるが、どちらかというとインダストリアルな区画の方が、当時のこの地の本当の姿に近いようだ。ブリスツ・ヒルは、鉱山と製鉄所の周りに発達した、厳しい肉体労働に従事する人の多い労働者階級の町だったのだ。

ビクトリアン・タウンの建設

二〇世紀に入ってイギリスの重工業が衰退し、溶鉱炉の火が消えると、この土地はかつての繁栄がうそのようにさびれてしまったが、やがてビクトリアン・タウン建設の構想が持ち上がり、一九六七年にその作業が開始された。過去の産業遺産を保存する動きが活発化した時代で、ブレナヴォン製鉄所の修復再生もほぼ同時代に始まっている。

鉱坑、溶鉱炉、工場など元々ここにあった施設を復元すると共に、店の立ち並ぶ華やかな部分が加えられた。店の建物は、地元に残っていたビクトリア時代の店舗を移築したり、部分使いしたり、あるいは資料を基に当時の建材を使って「新築」したものがほとんど。店内の調度や展示品も、可能な限り近くの町から本物のビクトリアン・アイテムを収集してきたもので、すみずみにまで地域性と時代性を忠実に再現する努力が払われている。

忘れてならないのは、店番をし、町を闊歩《かっぽ》する「ビクトリア時代人」たちの存在だ。スタッフとボランティアで構成されるこの古めかしい格好の人たちの実演や熱心な説明は、町に生命を吹き込み、濃いビクトリアンな雰囲気を醸成している。

ブリスツ・ヒル・ビクトリアン・タウンは一九七三年に公開が始まり、それから半世紀が経つが、ここの開発に終わりはなく、今も少しずつ施設が増え続けている。

アイアンブリッジ・ゴージ・ミュージアム群

ビクトリアン・タウンの造成と並行して、工業地帯だったアイアンブリッジ峡谷を紹介するミュージアムが多数造られた。それはアイアンブリッジ・ゴージ・ミュージアム群と総称され、その数一〇館。アイアンブリッジとその通行料金徴収所はじめ、この地で発達した製鉄業、陶器やタイル製造、パイプ作りなどを解説するビジュアル的にも興味深いミュージアム群だ。ビクトリアン・タウンもその一つにあたり、一〇館のうち最大の野外ミュージアムという位置づけになる。

産業革命に貢献した歴史がよく保存されていることが評価され、一〇のミュージアムを含むアイアンブリッジ峡谷全体が、一九八六年、ユネスコ世界遺産に登録された。

世界遺産の範囲はとても広く、山河あり谷あり町ありの変化に富んだ土地だ。ビクトリアン・タウンだけで見学に半日かかるので、他の九軒のミュージアムも回るとなると、おそらく一日では時間が足りない。一日しかない場合は事前に訪れたい館を決めておくとよいだろう。

ミュージアムもいくつか固まっている箇所もあれば、それぞれ二、三キロ離れて山中に点在するものもあり、車でないとなかなか大変だ。地元の人の中には、本格的なウォーキング・シューズをはき、トレッキング感覚でミュージアム巡りをしている人もいるので、その出で立ちとスピリットを見習うも一つ。もう一つは、日数は少ないが夏か秋の週末にミュージアム間をつなぐバスが出る日があるので、Ironbridge park and ride と呼ばれるこのバスの運行日を調べて利用すると便利かもしれない。

次に、ビクトリアン・タウン以外の九つのミュージアムを簡単にご紹介しておく。

それでは、ビクトリア時代へ、よい旅を!

アイアンブリッジ・ゴージ・ミュージアム群

※ブリスツ・ヒル・ビクトリアン・タウンを除く

アイアンブリッジ・アンド・トールハウス

1779年に完成した世界初の鉄の橋。この地に製鉄業を起こし、産業革命を加速させたダービー家のエイブラハム3世が、鉄の建築物への応用の可能性を世界に誇示する目的で建造。その堂々たる姿は、産業革命の象徴と見なされる。当時の料金徴収所も残っている。

コールブルックデイル・ミュージアム・オブ・アイアン

「世界を変えた」鉄の中心的生産地の一つだったコールブルックデイルならではの鉄のミュージアム。建材、家具から鉄の彫刻まで、さまざまな鉄製品を展示。溶鉱炉の見学もでき、鉄のすべてがここで学べる。

ダービー・ハウス

大製鉄業主ダービー一族の邸宅。いずれも18世紀前半築のデイル・ハウスとローズヒル・ハウスの２軒があり、邸内に保存された家財道具の実物から、クエーカー教徒であると同時に強権を誇った一家の「優雅質素」な暮らしぶりが伝わってくる。

ミュージアム・オブ・ザ・ゴージ

アイアンブリッジ峡谷一帯の歴史を展観するミュージアム。ダービー家が創業し、18～20世紀に栄えた鉄製品製造会社コールブルックデイル・カンパニーの倉庫だった建物内に設置されている。17世紀の峡谷の様子をミニチュア化した精巧なジオラマが見どころ。

コールポート・チャイナ・ミュージアム

峡谷では石炭と鉄鉱石だけでなく、粘土も採掘されたため、陶器、タイル、パイプ産業も発達した。ここは、20世紀前半まで続いたコールポート陶器製作所の建物をそのまま使った陶器のミュージアム。ビクトリア時代のティーセット・コレクションがみごと。

ジャックフィールド・タイル・ミュージアム

ビクトリア時代の建築に欠かせなかったタイルの代表的生産地で、国内外に広く製品を供給していたジャックフィールド。工場を転用した広いミュージアムには柄タイル、絵タイルが並ぶほか、タイル使いの実例としてパブや地下鉄駅の壁面が再現展示されている。

ブロズリー・パイプワークス

最高級のクレイ・タバコ・パイプの生産地だったブロズリーでも、1950年代に工場が閉鎖。しかし、ここもまたのちにミュージアムとして復活した。製品ほか、さっきまで職人が仕事をしていたかのような乱雑な作業台も置かれた、臨場感あふれるディスプレイが特徴だ。

タール・トンネル

炭鉱から石炭を運ぶために掘られた長さ約900メートルのトンネル。レンガの壁からドロドロの瀝青（れきせい）が滲み出しているのが発見され、この名前がついた。トロッコ鉄道の名残の線路が見える。ガイド・ツアーのみの見学で、坑内へは入れない。

エンジニュイティ

2002年のオープン、10館中一番新しいここは、子供向けの体験・参加型の科学工学センター。館内のマシン類は、陽気でカラフルなデザイン。体と頭の両方を使って、エンジンの仕組み、水力の働き、電気自動車のメカニズムの解明、といった課題に挑戦していく。

The Gnome Reserve

ノーム・リザーヴ（ノース・デヴォン）

かつてあったノーム王国への旅行記とノームたちのその後

(NEW) GNOME RESERVE at MERRY HARRIERS GARDEN CENTRE

住所：Woolfardisworthy, Bideford, North Devon EX39 5QH UK
電話番号：+44 (0)1237 431611
ウェブサイト：https://www.merryharriers.co.uk

消滅したノーム王国

最後のこの項は、タイトルに「かつてあった」と記したように、他の「旅先」と違い、今はもうなくなってしまった場所への旅行記となる。ノース・デヴォンの森の奥にあったノーム王国「ノーム・リザーヴ」の話だ。数にして二〇〇〇以上にも及ぶガーデン・ノームが遊ぶユニークな場所だったが、二〇二〇年の秋に突如閉園してしまった。

そのため本書から外すことも考えたが、「ヘンな旅先」の中でも飛び抜けてヘン、かつ愛敬あふれる場所だったここのことは、旅行ガイドとしては役に立たなくても、「かつてイギリスにこんなところがあった」記録としてお伝えしたいと思い、あえて残すことにした。ガーデン・ノームの歴史そのものも含め、お読みいただければ幸いである。

その後、ノームたちはどうなったかというと、箱にしまわれてしまったわけではなく、同じノース・デヴォンにあるガーデン・センター（園芸店）に引き取られ、どっこいこちらで元気に暮らしている。元気だが、ずいぶん「少人数」になってしまい、ここが「ノーム・リザーヴ」の名を継承しているものの、わざわざ見にいくほどの場所でなくなってしまったのは残念である。

旅行記で「旧リザーヴ」をご紹介したあとで、ノームたちの現在もレポートしておく。

まずは、ガーデン・ノームとは何なのか、どんな歴史を持っているのか、の話から。

ダサイ？　カワイイ？　ガーデン・ノーム小史

イギリスやヨーロッパの庭に置かれているガーデン・ノームをご覧になったことがあるだろうか。赤い帽子をかぶり、白いひげを生やして、今にもウォッホッホと笑い出しそうな顔をしている、あの小人のおじいさんである。人のよさそうな顔をしているものもあれば、笑顔の裏に邪悪さを隠し持ったようなのもあり、その表情は複雑だ。

ノームは一種の精霊であり、庭を悪いものから守り、幸運をもたらしてくれると昔から信じられてきた。民間伝承や童話に古くから登場するが、置き物としてのガーデン・ノームが作られ始めたのは一九世紀半ばのこと。ドイツのチューリンゲンが発祥の地といわれている。森深い森林資源の豊富な土地で、中世の昔から木彫り細工や工芸品の生産が盛んだった地方だ。ここで生産が始まった小人の置き物は、のちにヨーロッパ全土、イギリス、アメリカへと広がっていった。

ガーデン・ノームといえば、映画『アメリ』に出てきたのをご記憶の方もいるだろうか。引きこもりの父親を心配したアメリが、父の庭からガーデン・ノームを連れ出し、フライト・アテンダントの友達に頼んで、各国の観光名所でノームを写した写真を父宛てに送ってもらう。それに刺激された父親がようやっと重い腰を上げて……そんな場面があった。アメリのオドレイ・トトゥはキュートだったし、フランス映画だけあってノームがとてもお洒落な使われ方をしていた。

しかし、一般的にはどうだろう。引っ越し先の庭に、前の住人が残していった小人らがそのままになっていようものなら、訪ねてくる友人たちに「悪趣味」と軽蔑されかねないのが現実だ。

こんなふうに、ノームとはカワイイと悪趣味の狭間にいる微妙な存在だ。クールとダサイ、ラブリーとブキミの間の危ういバランスの上にヒゲを生やして立っている……そんな「小さい人たち」なのである。

イギリスへ最初にノーム像をもたらしたのは、ノースハンプトンシャーの屋敷ランポート・ホールの主、サー・チャールズ・アイシャム（一八一九〜一九〇三）だったといわれている。この準男爵は、一九世紀半ば、ヨーロッパを旅行中にノームを購入したのをきっかけに収集を始め、自邸の庭をノームで飾り立てた。「炭坑で仕事中」「お茶で一休み」などのテーマに従い、ノーム世界が作り上げられていたという。現代、庶民の庭に置いてあるのはせいぜい二、三体だが、昔は貴族たちが財力にあかせてノームを買い集め、広い庭にたくさん配置するのが流行ったようだ。

サー・チャールズ亡き後、この屋敷を有名にしたノームたちは処分されてしまい、今ではただ一体が残るのみ。その貴重なノームは屋敷の名にちなんで「ランピー」と名づけられ、高額の保険をかけられて邸内に保管されている。

もう一つ一九世紀にノーム・ガーデンで有名になった屋敷に、オックスフォードシャーのフライアー・パークがある。こちらの所有者は、法律家・園芸家のサー・フランク・クリスプ（一八四三～一九一九）だった。部屋数が一二〇もあるゴシック・リバイバル様式の豪邸の前に、主人の収集した大量のノームが整列する様子はちょっと変わった光景だったようだ。

この屋敷は後世、一九七〇年代になって、ビートルズのジョージ・ハリスンの手に渡って話題になった。フライアー・パークを購入してスタジオ付き自邸にしたジョージは、屋敷の歴史に並々ならぬ関心を寄せ、ソロ・アルバム『オール・シングス・マスト・パス』に昔の所有者のことを歌った「バラード・オブ・サー・フランキー・クリスプ」という曲を収めたばかりか、ジャケットにここの庭園にあったノームを登場させている。

ジョージ・ハリスン『オール・シングス・マスト・パス』。足元のノームに注目！

さて、現代イギリスにおける最大最強のノーム園だったのが、ノース・デヴォンにあったノーム・リザーヴである。アーティストでノーム・コレクターのアン・アトキン女史が、四エーカーの森の中に、世界最大とギネス認定された二〇〇〇体以上のノームを配して作った特異な世界。歴史的なお屋敷の過去のノーム・ガーデンと比べても、格段に大きな規模を誇っていた。一九七九年の開園以来、四〇年以上にわたりノームたちの楽しき領土だったが、二〇二〇年秋に閉園が発表された。ノーム王国の消滅は、経営者がお歳を召し、継続が困難になったことが理由だった。

以下、かつてあったノーム・リザーヴへの旅行記。訪ねたのは閉園の前年である。

ノーム・リザーヴ旅行記

ノーム・リザーヴは、デヴォンシャーの中でも北側にある。ロンドンから行くには、まずデヴォンの主要駅エクセターへ。通常のデヴォン観光はここが拠点となるが、今回はエクセターからさらに列車で一時間ちょっと北上したバーンスタプルというなじみのない町に一泊した。ここからノーム・リザーヴへ行くバスが出るからだ。

デヴォンの田舎道は両側に生える大木が緑の枝のトンネルを作って大変に美しいが、道幅が狭く、車二台がやっとすれ違える程度。そこを地元の車はスピードを落とさずに走り抜けるので、土地に慣れないドライバーとの接触事故が少なくない。なので、デヴォン山中での運転はおすすめしない。ここはベテランのバスの運転手さんに任せた方が安心だ。ちょっと不便ではあるけれど。というのも、学校がある期間は毎日一〜二本運行されるが、学校の休暇期間、バスの運行は週二日だけになってしまう。私が行ったのは夏休み時期だったので、バーンスタプルからノーム・リザーヴへ行くバスが出るのは月曜と金曜のみ。それも一日二本。かなりの辺境の地である。こんなふうなので、車でない場合は旅行計画をしっかり練る必要がある。

バーンスタプルを朝八時のバスで出発。朝は直行便がないので、途中でノーム・リザーヴへ行くバスに乗り換える。運転手さんに、目的地に着いたら教えてくれるよう頼んでおく。この辺のバス停には停留所名がなく、どこを走っているのかさっぱりわからないのだ。乗り換えたところは町だったが、バスはどんどん山奥へ入っていき、あたりの緑が濃くなる。乗った時も一人だったが、降りるまで誰も乗ってこず、最後まで一人だった。山中のバスとはいえ、こんなことは珍しい。運転手は長いヒゲを生やしたおじいさんで、心なしかガーデン・ノームに似ているような気がする。ノーム・リザーヴを通るバスゆえ洒落でやっているのか、偶然なのか。目的地で、この人に似たノームを見かけたりしないだろうか……と、よけいな想像が働く。

三〇分で到着。ノーム運転手に帰りのバスの時刻を確認すると、

「今日、午後便あるんだっけ？」との答え。

「えっ、三時ちょっと前のが」

「（時刻表を取り出し）あっ、ほんとだ。じゃ、帰りも同じバス停で待ってて。方向は逆だけど、道の向こうに人が立てる場所がないからここで拾ってあげるよ」

確かに、この山の中の細道で人が立てるスペースがあるのは、車道からノーム・リザーヴの方へ枝分かれしている小道だけだ。

「午後のバスもあなたの運転なの？」

「そうだよ」

なのに忘れてるって？　困ったものだ。それに乗れなかったら、次のバスは四日後なのだ。

ノーム・リザーヴでは「ノームを驚かせないように」と、彼らがかぶっているのと同じような帽子を渡される。それをかぶって、森の中へ。見上げると、空にはイギリスでは珍しいほどの明るい太陽が燦々《さんさん》と輝き、絶好のノーム日和だ。しかし、森へ一歩足を踏み入れると、そこは別世界のように薄暗い。高木の枝が張り出して、上空で密度の濃い天井を形づくっていて、日の光がほとんど入ってこないのだ。ところどころに陽だまりのパッチワークができていて、その部分だけはひどくまぶしい。

暗さに目が慣れてくると、すごい数の「小さい人たち」が、森に棲息しているのが見えてくる。

旧ノーム・リザーヴにいたノームたち

ノーム・チェス

ノーム・オーケストラ

乗り物はカエル

葉群れの中でかくれんぼ

にぎやかな話し声、それにいびきも聞こえてきそう

釣り大会でゴキゲン

表情がリアル

眠そう、暇そうな人が多い

いるいる。葉陰に数人、水辺に大勢、平地にごちゃごちゃと。木のウロからわらわらと飛び出してきたかに見える集団もいる。これは滑稽なまでに壮観な眺めである。よく見ると、キノコ、釣りざお、手押し車などの小道具とノームを組み合わせて、特定のシーンが設定されている。ウサギ、シカ、カエルも欠かせない仲間だ。釣りシーン、読書シーン、大勢が楽器を持ったノーム・オーケストラ、チェスの駒になったノームたち、キノコのテーブルでトランプ遊びをする三人組。さまざまなシーンが、パノラマのようにずっと遠くまで続いている。

ノームたちの表情はリアルで、まるで生きているかのようだ。こんなにリアルだから擬人化してシーンを作りやすいのだろう。もしかしたら、これは実にくだらないアトラクションかもしれない。何しろ森の中にノームが置いてあるだけなのだ。しかし、その設定がみごとで、ノームたちの生き生きした表情も相まって、そこに完全な世界が形成されていて、思わず人間の方が引き込まれる。今までの世界が偽物で、こちらの世界の方が本物で、ノームたちに「今まであっち側で何してたのさ」と聞かれそうな。この誘引力はすごい。

諸説あるノーム像の起源の中で特に有力なのは、ドイツ、バヴァリア地方の炭鉱夫をモデルにした、というもの。だとすると、昔は働き者だったはずだが、どうしたことか、ここには究極ののんびりノームが多い。うたた寝しているの、あくびをしているの、日光浴をしているの。そういえば、ジョージ・ハリスンのジャケットのノームたちも、偉大な音楽家の足元でだらけきっていた。

ガーデン・ノームは、一九世紀に貴族、上流階級の庭を飾り、二〇世紀に入って大量生産が始まると庶民の庭へも普及した。素材は木、テラコッタ、ポーセリン（磁器）、コンクリート、樹脂と時代によって変わり、一点一点手で色付けした高級品からプラスチックの量産品まで、品質もいろいろだ。服装は、赤い帽子に白いヒゲ、緑か青の上着が一般的だったが、最近はピンクなど伝統色から外れた色合いのものも増えている。また昔はおじいさん像が中心だったが、最近は若者や女性のノームも作られている。ここノーム・リザーヴでは、伝統ノームも近代的ノームも分け隔てなく並べられ、その一つ一つが「シーン」の大切な要素を成している。

せせらぎと葉ずれの音と鳥の声、それと時折訪問中の子供たちの声が聞こえてくるだけのノーム・リザーヴ。何とも静かで平和な場所である。それにしても、いろいろな「人たち」がいるものだ。ちょっとブキミお茶目だったり、案外腹に一物ありそうだったり、表情の向こうにあるものを読み解けない面構えの「ヤツら」もいて、ノーム世界は深い、と思わされる。楽しくも複雑な余韻が心の中に残った。

森を何周もして疲れたので、カフェで紅茶とサンドイッチのランチ。ここにはリザーヴ所有者の飼い猫アラン君がいて、人見知りせずテーブルの上に乗っかってくる。油断していたら、紅茶用のミルク・ジャグに前脚を突っ込み、その脚でおいしそうにミルクを飲み干して向こうへ行ってしまった。とても暑い日、喉が渇いていたのだろう。

最後にショップで絵葉書とミニ・ノーム像をおみやげに買って、バス停に向かった。町へ戻るバスの時間にはまだ早かったが、運転手にここで待ってろと言われた場所に立っていると、バスが来た。バスが来たが、時間が早かったために、町へ戻るのではなく、さらに山奥へ向かう方向に走っていた。目の前でバスが止まった。「終点まで行って戻ってきたら乗せてね」と運転手に言おうとしたら、向こうから声をかけてきた。「まあ、乗れや。景色見てけや。終点まで行って、そっから町へ引き返そう」。そう言うなら、と私は町とは反対方向へ行くバスに乗った。この時は他の乗客もけっこういて、運転手と私の会話をニコニコして聞いていた。運転手に化けたノームが、仲間を人間に化けさせ、乗客が大勢いるフリをしているのか……またしても妄想が膨らむ。木の葉がさわさわと鳴る山の中の田舎道で乗客が人間かどうかわからないバスに乗る……宮沢賢治か水木しげるかつげ義春か、そんな人たちが描きそうな世界に迷い込んだ気分である。

さらに山奥へと書いたが、さらに山深いところを抜けた終点は、いくらか開けた店や集落のある小村だった。他の乗客は全員そこで降り、私だけ残った。運転手はバスの向きを変え、町へ向かって走り出した。透明の緑のトンネルの中を猛スピードで走っていく。両側の木々の枝がバスの屋根に当たってパチパチ音を立てる。一瞬、ノーム・リザーヴの看板が見えた。バイ

ケーキを並べてティー・タイム。はるか向こうまでパノラマのようにノームの世界が広がる

バイ、ノームたち！

細い山道で猛スピードのバス二台がすれ違うのはスリリングで、彼らの運転が神技に思える。バスは町に着き、私は「余分に乗せてくれてありがとう」とお礼を言って降りた。ノーム運転手は白いヒゲを揺らして「ハハハ」と笑った。この人は、ノーム・リザーヴに行ったことがあるのだろうか。そして、自分がノームに似ている自覚はあるのだろうか。二番目の質問は少し気が引けるが、一つ目の質問だけでもすればよかったと思っているうちに、バスは行ってしまった。

元の世界に戻って――ノーム事件に見るヒトとノームの関係

元の世界に戻ってからもノームのことを気にかけていると、不思議とノーム関連の古い記事などが目に飛び込んでくる。記事に出ていたいくつかの面白事件をご紹介しよう。

一つは、ノーム誘拐事件だ。映画『アメリ』の「旅するノーム」のコンセプトに影響されたのか、二〇〇〇年代初め頃、民家の庭先からノームが盗まれ、数ヵ月後に持ち主に返され、世界各地の観光地で撮ったノームの写真が一緒に届けられるという事件が相次いだのだ。

デイリー・メール紙二〇〇八年八月某日の記事にデカデカと載ったイヴさんは、ノームのマーフィ君にもう一生会えないかと思っていた被害者のおばあさん。そのマーフィ君が、ある日突然戻ってきて大喜び。「隣にあった包みはもしかして爆弾かもしれないと思ったけれど、好奇心に負けて開けちゃいました」と告白。包みに入っていたのは、案の定、観光写真のアルバム。マーフィ君は、オーストラリア、ニュージーランド、タイ、カンボジアなど世界一二ヵ国を旅してきたのだった。イヴさんは「孫たちも喜ぶでしょう」と、ユーモラスな結末を楽しんでいる様子だったが、警察は「冗談でも犯罪は犯罪ですから」とシブい顔をしているとか。

もう一つは、水中ノーム・ガーデン出現事件である。事件といえるのかどうかわからないが、二〇一二年、イギリスは湖水地方のとある湖の湖底にノーム・ガーデンが作られているのが発見された。誰が作ったのかはわからない。湖底のノーム王国（そんないいものかわからないが）、ちょっと見てみたい気がするが、そこは水温が低く水深も深く、プロのダイバーにとっても危ない場所だそうだ。「非常に危険なので無用な探険はしないように」と警察が呼びかけ、ノームを撤去。しかし、また誰かが近くに作る。といった具合に、警察と設置者の間でイタチごっこが続いている。

イギリスにおける人間とノームの関係は、一種の愛憎劇のようで、人間側が勝手な事情でもてはやしたり嫌ったりをくり返し、ノームは栄枯盛衰の歴史をたどってきた。ノーム像がまだ珍しかった一九世紀には貴族によって珍重され、その後庶民にまで行き渡ると、今度は俗悪と嫌われ、また人気が復活するも、二つの世界大戦後は敵国ドイツ由来のものという理由で一斉に見放される。その後リバイバルするが、イギリスの若者文化が確立する六〇年代には、旧弊文化の象徴とやっつけられ、業界も壊滅状態になった。そんなことのくり返し。

ところが、二〇〇〇年代に入った頃から、ひそかにノーム＝クールの感覚が定着し、小さなノーム・ブームが長続きしている。ファッション・メーカーがオリジナル・ノームを作ったり、大手カード会社がノームを広告に駆り出したり。また、イギリス随一のオークション・ハウス、サザビーズで歴史的ノームが高額で競り落とされたりもしている。

これが一過性のブームでなく、今後人間とノームの関係が長期的に改善されていくことを望みたいと、風変わりな平和の国ノーム・リザーヴを訪ねたあと思ったのだった。今日もあくびをしたり、キノコ採りをしたりしている当のノームたちがどう思っているかは、知る由もないが。

大自然をも取り込んだ舞台設定がみごとだった旧ノーム・リザーヴ

新しい居場所「メリー・ハリアーズ・ガーデン・センター」にいるノームたち

入口はこんなふう

深刻な顔でブランコに乗る人や

木陰の楽団員などがいる

ノームたちの新しい居場所

閉園したノーム・リザーヴのノームたちを引き取ったのは、「メリー・ハリアーズ」というガーデン・センター。園芸店として、苗木やガーデニング用品を売るだけでなく、大きなレストランも経営しており、畑地以外に何もないこのエリアの人々の憩いの場になっている、そんな場所だ。

ノームは、その園芸店の庭の池の周辺や「ノーム・

ウォーク」と名づけられた小道の草むらに置かれている。日がな一日小川の流れを見つめる人、釣りをする人、デッキチェアで居眠りする人……彼らの超絶ヒマ人ぶりは健在だ。

ぽっちゃりした特大ノームの隣に座って写真を撮れるコーナーがあり、中年のご婦人グループが交代で写真を撮り合っていた。中のふくよかな一人が「ノームと私。あとで写真を見たら、どっちがノームかわからないわね」と言うと、お仲間のご婦人が「どっちがノーム？　アイ・ドント・ノーム！」と膝がくずれそうなジョークを放ち、知らない人たちなのに、思わず一緒に笑ってしまった。めっぽう陽気な人たちが、ノームの世界を楽しんでいた。

しかし、ここが旧リザーヴと比べて、格段に小規模なのは否めない。二〇〇〇体以上のノームが全部こちらに運ばれたと聞いたが、庭に出ているのはそのごく一部だ。旧リザーヴの、森中に広がっていたあのスペクタキュラー感は、ここでは望めない。また、シーンの作り込みにも、いま一つ深みがない。昔のリザーヴのシーン作りが秀逸だったのは、オーナーがアーティストだったからだろうか、と考えたりする。

交通の便が極度に悪い、山奥の畑地の中のガーデン・センターにパラパラと置いてあるだけのノームたちをぜひ見にいってください、とはおすすめしない。デヴォン旅行で、もしも北側へ行き、美しいバラ園「ローズムーア」を訪ねたなら、こちらにも寄り、ノームたちに会ってみるのもいいかもしれない、と言うにとどめておこう。せっかく広い敷地があるのだから、いずれもっと大勢のノームが庭に出てきて、ドラマチックなシーンを展開してくれることを望みつつ。

おわりに

普通の旅先にももちろんおもしろいところはたくさんあるし、一筋縄ではいかないイギリスのこと、普通の旅先にもヘンな要素がまぎれ込んでいたりするが、普通の旅先案内書はたくさん出ているので、本書はあまり知られていない「ヘンな旅先」案内に徹した。

何かしらイギリスについての新しい側面を発見していただけたなら、うれしい。

ゆっくりと写真を撮りたいので、旅行には一人で行くことが多かったが、夫や友人たちと一緒に出かけることもあった。何しろ「ヘンな旅先」なので、皆揃って初め「?」なのが、だんだんと「!」となっていく、その過程がおもしろかった。そうなると、同行者たちもなぜこういうものが造られたのか、なぜこういう形をしているのか、いろいろ気になるようで、歴史を熱心に調べていた。「ヘンな旅先」は、好奇心だけでなく向学心をも刺激するようだ。

読者の方々にも、この「?」「!」の過程を楽しんでいただければと思う。あるいは本書にとらわれず、自分で探したどこかの場所で「?」「!」を体験する旅も楽しいだろう。

事前に旅先情報を調べるのは筆者なので、どうしても現地でツアー・リーダーというか自分も初めての場所での案内係になってしまい、同行者たちをふり回したかもしれないが、お付き合いいただいた皆に感謝したい。さらに、あそこにこんな変わった場所があるよと教えてくれた情報提供者たち、その珍しい旅先に行ったことがあると言って、思いがけない話を聞かせてくれた「語り部」たち、そんなイギリスの友人たちにも感謝。いくつかの物件のプレス・オフィスには写真を提供していただき、お世話になった。

もう一つ、原稿を書くのにうってつけの環境を提供してくれた、会員制図書館ロンドン・ライブラリーの存在もありがたかった。

最後に、出版社の平凡社さんのこと。昔『人生に必要な知恵はすべて幼稚園の砂場で学んだ』という本があったが、このタイトルの表現を借りるなら、オルダス・ハクスリー、タルホ、クマグス、アラマタ氏の一連の図鑑……「人生に必要な知恵はすべて平凡社の本で読んだ」と言っても、少し過言だが、それほど過言ではないほど、はるか昔から特別に親しんできた出版社さんだった。このたび、その平凡社さんから本を出していただけて、こんなにうれしいことはない。広い心で妙な企画を受けとめて伴走してくださった編集部の菅原悠さんに、心からお礼を申し上げたい。

清水晶子

二〇二三年六月吉日

画像提供・クレジット

Pages	Images courtesy of
P.11	The Shell Grotto, Margate
P.23	The Buccleuch Collections / By kind permission of the Duke of Buccleuch and Queensberry, KT
P.41	Boughton House
P.42, 46, 47, 50上左右, 下左, 54, 55	Tourism Northern Ireland
P.56	Tourism Northern Ireland
P.58, 63, 69下	Minack Theatre
P.73, 83上, 86	Eden Project
P.76上, 82	Eden Project / Hufton+Crow
P.87, 90, 91, 95, 97, 101	Bodleian Libraries, University of Oxford
P.103	Ashmolean Museum, University of Oxford
P.159	greatwestway.co.uk
P.173	Visit Wales
P.176	Visit Cardiff
P.178, 182, 183, 190, 191	Trebah Garden
P.192, 193	Visit Cornwall / Matt Jessop
P.203	Biodiversity Heritage Library
P.210上, 214上左右, 中左, 215, 218, 219	www.thenewforest.co.uk
P.223, 230下, 236, 237	The Ironbridge Gorge Museum Trust

その他はすべて筆者撮影によるもの。

清水晶子（しみず・あきこ）

ロンドン在住ジャーナリスト。東京都出身。早稲田大学卒業。大学卒業後、雑誌「ぴあ」編集部に在籍し、後に独立。以前より関心のあった「イギリス文化」をテーマに、書籍・雑誌・ウェブメディアなどでの執筆を続けている。1995年にロンドンに移住。2008～12年には、仕事の傍らロンドン大学バークベック校でイギリスの博物館について研究した。著書に『ロンドンの小さな博物館』（集英社新書）、『ロンドン近未来都市デザイン』（東京書籍）、訳書に『オードリー・ヘプバーンとティファニーで朝食を』（中央公論新社）などがある。家族と西ロンドンに住む。

英国 ヘンな旅先案内

ガイドブックに載らない不思議の地

2023年7月19日　初版第1刷発行

著　者　清水晶子
発行者　下中美都
発行所　株式会社平凡社
〒101-0051 東京都千代田区神田神保町3-29
電話　03-3230-6584（編集）
03-3230-6573（営業）

ブックデザイン　川添英昭
地図作成　尾黒ケンジ
印　刷　株式会社東京印書館
製　本　大口製本印刷株式会社

ISBN978-4-582-63073-2

平凡社ホームページ　https://www.heibonsha.co.jp/
落丁・乱丁本のお取り替えは小社読者サービス係まで直接お送りください
（送料は小社で負担いたします）。